资源约束混合流水车间调度优化方法

李俊青　李荣昊　著

中国水利水电出版社
www.waterpub.com.cn
·北京·

内 容 提 要

智能制造可以有效地促进产业和资源要素深度融合，推动形成以科技为引领的新质生产力，为制造业高端化、智能化、绿色化发展提供有力支撑。我国指出要大力改造提升传统产业，把发展"智能制造"作为主攻方向。在实际工业生产过程中，混合流水车间的生产模式因其灵活的机器选择和高效的生产效率而广受业界青睐。其中涉及的车间调度问题是具有多约束、多目标等特性的复杂组合优化问题。随着市场资源供给能力的下降，车间调度问题因资源受限而日益突出。不合理的资源分配将引发机器阻塞、故障等问题，从而降低车间生产效率和生产连续性。此外，经济全球化推动了分布式工厂协同制造模式的快速发展。分布式混合流水车间以其市场响应灵活和高容错率的特点，受到学者的广泛关注。本书针对考虑资源约束和能耗的分布式混合流水车间调度问题，提出了一种基于协作的多目标算法；同时，针对运输过程和动态加工过程均依赖于资源的同类问题，又提出了一种多维协同进化算法。本书是作者近五年在多项国家和省部级科研项目资助下，潜心研究所得的一系列成果的集大成。

本书可供理工科大学相关专业教师、研究生，以及自然科学和工程技术领域研究人员学习参考。

图书在版编目（CIP）数据

资源约束混合流水车间调度优化方法/李俊青，李荣昊著. -- 北京：中国水利水电出版社，2024.12.
ISBN 978-7-5226-2920-9

Ⅰ. F406.2

中国国家版本馆 CIP 数据核字第 2024RB7755 号

书　　名	资源约束混合流水车间调度优化方法 ZIYUAN YUESHU HUNHE LIUSHUI CHEJIAN DIAODU YOUHUA FANGFA
作　　者	李俊青　李荣昊　著
出版发行	中国水利水电出版社 （北京市海淀区玉渊潭南路 1 号 D 座　100038） 网址：www.waterpub.com.cn E-mail: zhiboshangshu@163.com 电话：（010）62572966-2205/2266/2201（营销中心）
经　　售	北京科水图书销售有限公司 电话：（010）68545874、63202643 全国各地新华书店和相关出版物销售网点
排　　版	北京智博尚书文化传媒有限公司
印　　刷	河北文福旺印刷有限公司
规　　格	170mm×240mm　16 开本　11 印张　141 千字
版　　次	2024 年 12 月第 1 版　2024 年 12 月第 1 次印刷
定　　价	69.00 元

前　　言

　　党的十八大以来，我国智能制造发展规模和水平快速提升，智能制造新业态、新模式不断涌现，并逐步向多领域拓展。智能制造与制造业的融合水平显著提升，制造业的数字化、网络化、智能化升级转型步伐明显加快。混合流水车间是智能制造中的一种典型生产模式，因其灵活的机器选择和高效的生产效率而广受业界青睐。其中涉及的车间调度问题是具有多约束、多目标等特性的复杂组合优化问题。复杂加工环境下的混合流水车间调度问题在多项式时间内难以求解，故亟须一种有效的算法来优化生产流程，提高生产效率。

　　随着市场资源供给能力的下降，受限于资源的车间调度问题日益突出。不合理的资源分配将引起机器阻塞、故障等问题，从而导致车间生产效率和生产过程连续性的降低。因此，在资源约束混合流水车间调度中，资源分配启发式方法的重要性更为凸显。此外，经济全球化推动了分布式工厂协同制造模式的快速发展。分布式混合流水车间以其市场响应灵活和高容错率的特点，受到学者的广泛关注。但考虑到不同工厂的生产资源配置的差异，使得工件分配与生产资源分配紧密相连。这种耦合关系使得调度问题更加复杂、更加难以求解。因此，工厂分配启发式方法同样应该受到重视。

　　鉴于制造业是能源消耗的主要领域，其能源利用效率对可持续发展至关重要。因此，通过合理的生产资源配置与调度规划，在实现节能减排的同时，可以有效提高生产效率。针对当前分布式资源约束车间调度问题中普遍存在的强耦合性、多约束、多目标等特点，亟须一种高效的多目标算法进行求解。

基于上述分析，本书研究了分布式工厂制造模式下考虑资源约束的混合流水车间调度问题，并根据问题特性，提出了相应的多目标算法，旨在同时优化制造过程中的时间和能耗指标。

（1）针对考虑资源约束和能耗的分布式混合流水车间调度问题，提出了一种基于协作的多目标算法（collaboration-based multi-objective algorithm，CBMA），以同时优化最大完工时间和总能耗为目标。首先，构建了所考虑问题的数学模型，并通过分析问题特性，提出了两种资源约束下的节能策略。在该算法中，每个解均通过精心设计的三维编码向量表示。其次，引入了平衡目标值的机器选择策略，以确保初始种群的质量和多样性。接下来，提出了一种基于 Pareto 知识的协作搜索机制，以提升算法在复杂的多目标解空间下的全局搜索能力。为了提升算法的收敛速度，在局部搜索中嵌入了基于关键工厂的分布式机器节能策略。最后，对一组基于实际工业流程的中大规模算例进行测试，并与当前流行算法的结果进行比较，验证了 CBMA 及相关策略的有效性能。

（2）针对考虑运输过程和动态加工过程均依赖于资源的分布式混合流水车间调度问题，提出了一种多维协同进化算法（multi-dimensional co-evolutionary algorithm，MDCEA），以同时优化最大完工时间和总能耗为目标。首先，根据问题的特征，提出并证明了四个关键引理和两个资源重分配规则。在该算法中，每个解由三维向量进行编码，并通过两阶段解码方法进行解码。为了全面搜索复杂且耦合的解空间，初始种群依据目标权重种群划分策略分为三个不同侧重的子种群。随后，为了提高算法在三维编码下的全局搜索能力，提出了一种基于双种群的变维度协同搜索机制。此外，为了探索不同维度下高质量解的局部搜索潜力，设计了一种基于 Q 学习的维度勘探搜索方法。该方法利用多目标评价指标中的世代距离作为奖励值，使马尔可夫决策过程趋向于最优 Pareto 前沿。为了保证种群在进化过程中的多样性，开发了一种新的种群交互策略。最后，对所提算法框架和每种精心设计的策略进行了广泛的对比实验测试。实验结果表明，MDCEA 在大多数知名算法中有很强的竞争力。

本书是作者多年来针对相关问题的研究成果，也是对国家自然科学基金委员会资助项目成果的总结和应用。书中内容融入了作者近几年在该领域的研究成果。需要指出的是，本书真实记录了课题组的阶段性研究成果。作为研究对象的混合流水车间调度问题十分复杂，且其约束条件和优化目标处于不断变化之中，书中有未尽之处在所难免，敬请读者谅解。

感谢国家自然科学基金委员会项目（No.62173216）、云南省基础研究计划重大项目（No.202401AS070036）以及云南省现代分析数学及其应用重点实验室（No. 202302AN360007）的资助。同时，感谢云南师范大学的师生为本书提供的丰富素材和宝贵资料。

作者

云南师范大学

2024 年 11 月

目　　录

第1章 绪 论

1.1 研究背景

新质生产力是指以新一代信息技术为代表的现代科学技术与生产力要素深度融合所形成的新型生产力。它不仅包括新技术本身，更重要的是新技术与传统生产力要素的相互渗透、相互融合所催生的巨大变革效应。新质生产力的核心是智能制造，即将先进制造技术与新一代信息技术深度融合，以形成高度智能化、网络化、服务化的新型制造模式。新质生产力与智能制造是制造业转型升级的关键所在。只有紧紧抓住新质生产力这一发展机遇，大力推进智能制造，才能真正实现制造强国的宏伟目标，推动我国制造业迈向高质量发展新阶段。

制造业的智能化发展是决定经济高质量发展的重要因素。为重振制造业，发展创新型制造业模式，德国的"国家工业战略 2030"、美国的"先进制造业领导力战略"均以智能制造为重点。基于复杂的外部环境和不断变化的内在要素，我国也提出了加快推动智能制造发展，深入实施智能制造工程，建立智能制造发展生态 [1]。作为制造强国建设的主攻方向，智能制造发展水平关乎我国未来制造业的全球地位。工业和信息化部、国家发展和改革委员会等八个部门于 2021 年 12 月 21 日联合印发了《"十四五"智能制造发展规划》。其中，推进智能车间和智能工厂建设被认为是促进制造业升级的关键手段，有助于提高生产效率、优化资源利用，进而推动制造业向更智能化、数字化的方向发展[2]。尤其是面向航空航天设备、船舶与海洋工程装备、医疗装备等龙头产业，要实现对生产的深度协同、资源的柔性配置，通过对数据的深度发掘，实现优化管理和自主决策的过程。此外，国务院于2021年10月26日印发的《2030年前碳达峰行动方案》中强调，要把推动经济社会发展建立在资源高效利用和绿色低碳发展的基础之上[3]。因此，推动制造业绿色发展，保证智能制造节能降碳增效是目前我国制造企业所应严格遵循的方向。通过技术创新和生产模式的升级，实现降低能源消耗、提高资源利用，既有助于满足社会对环境友好型制造的需求，也符合可持续发展的战略目标。

智能制造是先进的制造模式，整合了物联网、人工智能、大数据等技术，以提高生产效率、降低成本。智能车间是其重要实践，实现了生产过程的智能化和数字化。智能车间集成了多种技术，如自动化设备、智能监控与预测维护、智能调度等。其中，智能调度技术是智能车间中重要的一环，它负责优化生产计划，提高设备和资源的利用率，从而实现更加高效和灵活的生产调度[4]。调度问题通常属于组合优化问题，一般情况下，这类问题很难找到多项式时间内的确定性解法。因此，调度问题被认为是NP难问题[5]，尤其是在复杂加工环境下的车间中，调度问题往往涉及多任务、多资源和多约束的情况。因此，针对车间生产调度问题的研究对智能车间的推广和应用具有理论和实际价值。

随着生产规模的扩大，传统的流水车间逐渐无法满足市场的多样性需求。此外，制造设备智能化水平的提高，使得同一生产线上更容易应对多样化产品的制造需求，促使了混合流水车间的出现。混合流水车间通过集成流水车间和平行机器车间的特点，有效地消除了瓶颈机器对于生产过程连续性的影响，有效地平衡了机器的负载和产能[6]，使其被广泛应用于生产多样化或个性化需求的产品行业中，如半导体制造和汽车制造，如图1-1所示。

（a）半导体制造   （b）汽车制造

图 1-1 现实中的混合流水车间制造

在车间生产过程中，制约生产进度的资源不只有加工机器，其他稀缺资源对生产调度的影响也不能忽视，如船舶管件生产中的各种夹具、焊接辅助器具[7]，预制构件生产中的模具资源[8]。由于资源总量受到限制，工件在没有辅助资源时会在机器缓冲区上等待，造成机器阻塞、机器故障等问题，影响生产过程的连续性，导致车间生产效率降低。因此，智能的资源管理对于车间调度问题来说不容忽视。在混合流水车间中，多个工序可以共享相同的生产资源，这有助于提高资源的利用效率，而传统的流水车间通常更专注于单一产品的生产，资源利用相对独立。同时，不同类型的资源会对加工过程造成不同程度的影响，即资源依赖型动态加工过程[9]，使得加工过程受到资源耦合的限制，从而需要协同资源的配置优化，给传统的车间调度系统带来了挑战。因此，在混合流水车间调度问题中考虑多类型资源和资源总量受限的问题更符合实际生产，且具有研究价值。

在全球化趋势不断扩大的影响下，现代制造企业逐步趋向于分布式工厂模式。其中，分布式混合流水车间因其风险性和成本较低成为多数制造企业认可的生产模式[10]。其在传统的混合流水车间的基础上考虑多地区工厂间的协同加工，这有助于缓解每个车间的生产负担，降低生产成本，提升产品质量。同时，该模式可以帮助每个混合流水车间改善资源配置，提高总体的生产效率。然而，考虑到不同工厂的资源配置不同，合理地规划和分配工件成为智能制造业亟须解决的问题。此外，制造业是能源消耗（以下简称"能耗"）的主体，国内制造业的能耗占总能耗的 56%[11]。因此，智能制造需要兼顾绿色生产。为了达到减少能耗、提高生产效率的目的，主流的解决方案有两种：一是发展节能加工机器；二是优化绿色调度方案。相较于前者，后者的开发周期相对较短，投资开销相对较小[12]。因此，优化绿色调度方案是一种提高能源效率、降低资源负载率的环保且科学的方法，并受到我国目前智能制造研究的广泛关注。

基于上述对智能制造中智能车间和智能工厂的背景描述，本书从分布式混合流水调度问题出发，并考虑实际生产制造系统中存在的资源约束和资源依赖的动态加工过程，同时将生产过程的能耗纳入考虑范围。通过深入分析问题特征和数学模型，提出基于资源约束的引理和相关规则，构建灵活的编码方式，并设计出高效的搜索机制和算子，同时优化最大完工时间和总能耗两个冲突的目标。此外，本书旨在研究智能制造中的关键因素——分布式资源约束混合流水车间调度问题，所涉及的问题模型和求解算法可以为后续研究提供思路和理论支持。

1.2　研究意义及目的

复杂加工环境下的混合流水车间调度问题（hybrid flow shop scheduling problem，HFSP）涉及多个生产因素（如工件、机器、资源）的协同调度。其中，资源约束对优化生产调度具有制约性，且在分布式制造模式中，由于各地区资源储备的不同，导致工厂之间的协同管理具有异构性和多样性。为了优化此类复杂调度问题，本书针对分布式资源约束混合流水车间调度问题（distributed resource-constrained hybrid flow shop scheduling problem，DRCHFSP）进行研究，并对车间生产的最大完工时间和总能耗两个冲突的目标进行优化，以提高多个生产资源的协同利用率，从而达到提高生产效率、减少碳排放的目的。

1.2.1　研究意义

（1）研究分布式混合流水车间调度问题（distributed hybrid flow shop scheduling problem，DHFSP），有助于优化多地点生产环境下的车间协同生产，提升全局生产效率。通过设计高效的智能优化算法，实现分布式混合流水车间的智能调度，推动企业生产向更加智能、协同的方向发展。

（2）研究资源约束混合流水车间调度问题（resource-constrained hybrid flow shop scheduling problem，RCHFSP），有助于实现生产的精益化，为制造企业在激烈的资源竞争中提供重要支持。通过建立资源约束车间调度模型，并设计高效的求解算法，可以实现更加完善的调度方案，提高生产资源的利用率，为企业生产的效率和质量提供技术保障。

（3）研究混合流水车间调度的能耗问题，有助于推动生产更加绿色、高效地可持续发展。首先，深入研究能耗问题，有助于制定节能调度策略，提高生产效率，降低生产成本；其次，有助于制定环保型生产方案，减少排放，改善生产过程的环境影响。因此，在设计智能优化算法时，对最大完工时间与总能耗两个冲突的目标进行优化，可以实现生产资源的合理利用，减少不必要的能耗。

1.2.2　研究目的

（1）分布式工厂模式兼顾多个车间之间的协同，其能最小化全局生产目标。一方面由于多个车间相互独立，要考虑车间内部的调度管理；另一方面，在不同车间之间，若要实现资源协同，则要确保整体生产链的协调一致。因此，根据不同车间的资源储备情况，制定合理的工件分配方案，以减少每个车间的生产瓶颈和提高整体生产效率，最大限度地发挥各车间的优势。

（2）资源的合理分配是生产制造的关键环节。在资源总量受限的情况下，通过优化分配有限资源的调度方案，最大限度地减少工序等待时间和机器空闲时间，并提高资源的利用效率，从而提高生产的连续性和稳定性，为生产的质量和进度提供保障。依赖于资源的动态加工过程使生产过程更具灵活性和适应性。在多类型资源供给的情况下，由于不同类型资源的供给和对加工影响程度的不同，高效的资源分配方案能缩短工件的加工时间，提高车间的生产效率。

（3）应用基于 Pareto 支配关系的多目标算法，保证在各个目标优先级相同的情况下，为决策者提供更多样的调度方案。此外，需要充分考虑其他因素对决策者的影响，包括能耗、运输时间和机器加工速度等。

1.3　国内外研究现状

针对智能制造中存在的资源约束问题，对分布式混合流水车间调度问题进行研究，在考虑时间目标的同时，关注加工过程中的能耗指标。本节将对分布式资源约束混合流水车间调度问题涉及的三个经典车间调度优化问题进行国内外研究现状的阐述，现状研究框架如图 1-2 所示，重点从目前已有的混合流水车间调度问题、分布式混合流水车间调度问题和资源约束车间调度问题进行介绍。

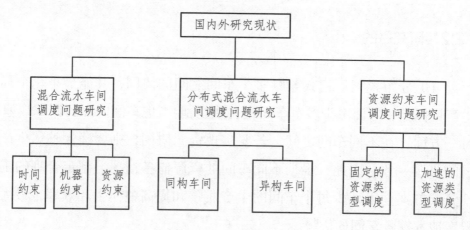

图 1-2　现状研究框架

1.3.1　混合流水车间调度研究现状

目前，已有大量研究对于无约束的 HFSP 进行求解。例如，Portmann 等[13] 提出了结合遗传算法的方法求解中大规模 HFSP；Komaki 等[14] 基于人工免疫系统优化策略，针对混合 HFSP 中的两阶段装配过程进行了研究，旨在优化最大完工时间；Liao 等[15] 改进了粒子群优化算法来高效求解以最大完工时间为目标的 HFSP；Alaykýran 等[16] 利用蚂蚁优化算法对 HFSP 进行了高效求解。然而，在实际生产制造中，加工过程受到工件运输、机器维护活动、准备时间等众多约束的影响，使得调度生产时不仅要考虑机器分配和工件排序的问题，还要考虑约束情况下的额外子问题。因此，研究多约束的 HFSP 是具有现实意义的。对于多约束的 HFSP 研究，本小节从时间约束、机器约束和资源约束三方面进行概述。

1. 时间约束的混合流水车间调度（time constrained hybrid flow shop scheduling，TCHFS）

实际生产中的调度问题存在众多需要考虑的时间约束，如考虑准备时间、模糊加工时间等。

对于序列依赖准备时间（sequence dependent setup times，SDST），Qin 等[17] 提出了一个两阶段的蚁群优化算法，来求解在实际印刷电路板中的 HFSP。Missaoui 等[18] 开发了一种无参数的迭代贪婪算法，以平衡算法的时间复杂度和搜索效率。Li 等[19] 提出了一种能量感知多目标优化算法，来同时优化最大完工时间和总能耗。Pan 等[20] 改进了九种不同的算法，并调整了算法的参数。Behnamian 等[21] 提出了一种高效的混合元搜索算法，用于最小化提前和延迟时间的总和。Gupta 等[22] 则使用多项式优化算法进行求解，其目标是最小化最大完工时间。朱熠等[23] 提出了一种 NEH–Pareto 档案模拟退火融合算法，来最小化制造期和总拖期。黄辉等[24] 运用改进的 NSGA–II 算法对实际企业生产数据的算例进行仿真求解，取得了高质量的结果。

对于考虑模糊加工时间约束的 HFSP，王静等[25] 提出了一种动态人工蜂群算法，以同时最小化最大模糊完成时间和模糊总能耗。Yuan 等[26] 开发了一种模糊多目标局部搜索算法，对最大模糊完成时间和模糊总流经时间进行优化。在分布式工厂模式下，Zheng 等[27] 将迭代贪心搜索法嵌入到分布算法中，提高了算法在优化最小模糊总延迟时间和增强鲁棒性方面的效率。考虑到炼钢连铸调度中的模糊加工时间和起重机运输过程，Li 等[28] 提出了一种平衡双种群的多目标进化算法，来优化生产过程中的最大模糊完成时间和总能耗。此外，一种改进的头脑风暴优化算法[29] 被提出，用于搜索 DHFSP 中最小化最大第 2 类模糊完成时间的调度方案。Wang 等[30] 利用 NSGA-II 算法求解了模糊最大完工时间和模糊能耗。Golneshini 等[31] 在元启发式算法中引入了一种基于聚类的方法作为数据挖掘工具，以确定有前景的搜索领域。张洁等[32] 提出一种基于滚动窗口的改进蚁群算法，用于求解加工时间不确定的混合流水车间动态调度问题。

2. 机器约束的混合流水车间调度（machine constrained hybrid flow shop scheduling，MCHFS）

随着机器性能的不断提高，多功能并行机器在制造业中愈发受到青睐。因此，考虑机器带来的约束条件，如加工速度，显得尤为重要。

不同的机器加工速度导致实际加工时间动态变化。机器加工速度作为实际生产系统中的一个重要参数，得到了广泛的应用。然而，速度的差异导致了求解空间的扩大，这给算法的收敛性和解的质量带来了挑战。针对具有不同加工速度的并行机器 HFSP，目标是同时最小化总延迟和能源成本，Schulz 等[33] 提出了两个新的公式。为了有效地求解带机器加工速度的 HFSP，Lei 等[34] 在基于教学的优化算法中使用词典排序方法，来优化总能耗和总延迟时间。Li 等[35] 开发了一种两级帝国主义竞争算法，用于求解该类问题以优化总延迟时间、最大完工时间和总能耗。而 Zuo 等 [36] 采用了一种新型多种群人工蜂群算法进行求解。此外，Jiang 等 [37] 研究的炼钢 – 连铸过程涉及可控的加工速度，并采用混合微分进化算法结合可变邻域分解搜索进行求解。Jiang 等 [38] 深入研究了五个问题属性来描述机器速度、加工顺序和维护计划之间的关系，并设计了一种具有可变加工速度选择的改进遗传算法，以实现总生产成本最小化。在分布式工厂的制造模式下，Lu 等 [39] 开发了一种基于节能策略的局部搜索方法，以提高基于 Pareto 的多目标混合迭代贪婪算法的收敛性。Wang 等 [40] 提出了一种基于强化学习策略的协作文化基因算法，用于同时优化最大完工时间和能耗。Jiang 等 [41] 根据 Pareto 相关知识，在 MOEA/D 算法的基础上，开发了权重向量动态调整策略，并通过实验验证了该算法在求解此类复杂调度问题时的优异性能。Li 等 [42] 提出了一种基于知识的自适应参考点多目标算法进行求解。

3. 资源约束的混合流水车间调度（resource constrained hybrid flow shop scheduling，RCHFS）

为了让 HFSP 更加贴合实际制造业的生产模式，需要考虑受限资源对于调度结果的影响。资源可以被定义为工人资源或辅助加工的可再生资源。

针对带设置操作员的 HFSP，卫晨昊等 [43] 提出一种改进的樽海鞘群算法，以有效地求解。Costa 等 [44] 研究了考虑有限劳动力的 HFSP，提出了一种结合禁忌搜索的回溯搜索算法进行求解。对于带工人约束的 HFSP，Gong 等 [45] 提出了一种混合进化算法，并结合了有效的算子和一种新的变量邻域搜索方法。Han 等 [46] 提出了七种带有启发式解码的多目标进化算法，来求解此问题。Pargar 等 [47] 提出了一种基于非支配排序的混合流水类似算法来优化两个目标，即最大完工时间和总延迟时间。Behnamian 等 [48] 提出了一种基于可变邻域搜索算法的殖民竞争算法，目标是最小化提前率、迟到率、工期和工人雇佣总成本。此外，Yu 等 [49] 研究了带双资源约束的分布式装配 HFSP，并为其建立了混合整数线性规划模型，且提出了一种基于知识的迭代贪婪算法来求解最小化总延迟时间的问题。Liu 等 [50] 考虑了多技能工人的疲劳因素，并提出一种结合遗传算法和强化学习的基于仿真优化的框架。

针对加工需要考虑额外可再生资源的情况，Figielska 等 [51] 研究了目标为最小化最大完工时间的两阶段 HFSP，并将所提出的启发式算法与遗传算法或模拟退火算法相结合进行高效求解。在此基础上，Figielska 等 [52] 进一步提出了四种使用线性规划的启发式算法，并根据各阶段之间的资源共享的特性，导出了最佳有效期的下限 [53]。此外，Tao 等 [54] 额外考虑了问题中的能耗，并提出了一种离散帝国主义竞争算法来最小化最大完工时间和总能耗。随后，Tao 等 [55] 将研究的问题进一步扩展到分布式制造的背景下，提出了一种自适应人工蜂群算法，旨在搜索最小化最大完工时间的调度计划。

1.3.2 分布式混合流水车间调度研究现状

根据工厂构造是否一致，分布式混合流水车间可以分为同构工厂和异构工厂。

对于具有一致工厂构造的分布式同构 HFSP，Shao 等 [56] 通过多邻域迭代贪心算法解决了这一问题，其优化目标为最大完工时间。Li 等 [57] 设计了多种基于临界工厂的算子，用于高效搜索工厂分配和调度问题。Cai 等 [58] 提出了一种动态洗牌蛙跳算法，用于优化多处理机任务在 DHFSP 中的最大完工时间。对于存在的多目标问题，Lei 和 Wang[59] 提出了一种多样化的搜索过程，以最小化最大完工时间和工件延迟数量。Shao 等 [60] 根据最大完工时间、总加权提前、延迟时间和总工作量为目标，设计了几种针对具体问题的局部搜索算子。Li 等 [42] 提出了四个针对特定问题的定理，用于指导基于知识的多目标算法求解具有四个目标的 DHFSP。Gholami 等[61] 提出了一种名为条件马尔可夫链搜索的新框架，来自动生成启发式方法，以最小化分布式工厂间的最大完工时间。Lei 等[62] 提出了一种多班教学优化算法，并通过在班级之间实施奖惩机制来提高搜索效率。张清勇等[63] 针对工厂分配问题提出了一种教学优化算法，并针对机器分配问题设计了一种启发式算法以求解，来最小化最大完工时间。魏昌华[64] 改进了生物地理学优化算法，使其能够求解多目标情况下的 DHFSP。针对分布式预制构件生产中的调度优化问题，熊福力[65] 提出了一种基于自适应大邻域搜索的混合智能优化算法，用于求解复杂加工环境下的调度问题。

对于工厂构造不一致的分布式异构 HFSP，Li 等[66] 提出了一种改进的人工蜂群算法，并围绕关键工厂进行局部搜索设计。对于问题中设计的强耦合关系，Wang 等[67] 提出了一种双种群协作记忆算法，并设计了两种基于知识的启发式规则。Shao 等[68] 设计了 18 种构造启发式，并结合一种迭代局部搜索算法取得了高效的求解结果。同时，Shao 等[69] 还考虑到采用不同数量机器造成的电价成本差异，提出了一种基于混合多目标解构原理的蚁群优化算法，以总电价成本和最大完工时间为目标。Zhang 等[70] 提出了一种结合粒子群优化算法和 Q 学习的局部搜索方法的多目标记忆算法，以同时优化最大完工时间和总能耗为目标。Qin 等[71] 设计了一种协作迭代贪婪算法，包含针对特定问题的初始化策略、邻域搜索策略、破坏 – 重建策略和局部强化策略，以最小化最大完工时间为目标。Li 等[72] 开发了一种基于双深 Q 网络的协同演化算法，以优化总加权延迟时间和总能耗为目标。为了优化多异构车间协同的生产与物流集成调度，李颖俐等[73] 提出了一种多目标人工蜂群算法和优化策略。针对不相关并行机的分布式异构 HFSP，郦仕云等[74] 提出了一种混合离散差分进化算法，并嵌入了一种工厂分配规则，以将工件分配至更加合适的工厂。Lu 等[75] 根据国内汽车制造业的现状，研究了既有混合流水车间又有置换流水车间的分布式车间调度问题，并提出了一种迭代贪婪算法进行高效求解。

1.3.3 资源约束车间调度研究现状

目前，考虑资源约束的车间调度问题被分为两类：固定资源（指固定和已知工序的资源需求）和加速资源（指影响加工时间的资源，特别是减少处理时间）。

对于固定资源的车间调度问题，Patel 等 [76] 利用遗传算法进行求解，并在八种不同的性能指标上测试了所提算法的性能。Araz 等 [77] 利用人工神经网络来解决这个问题，调度器会根据最佳成本函数选择最优调度规则。随后，Araz 等 [78] 用一个模糊系统取代了先前提出的多目标决策辅助程序。此外，Araz 等 [79] 还研究了模型的更新频率，并得出结论：所选择的调度长度取决于系统状态。随后，Zhang 等 [80] 提出了一种混合离散粒子群优化算法，来解决固定资源约束的调度问题，与遗传算法等其他启发式算法相比，该方法具有更好的效果。

对于加速资源的车间调度问题，Ruiz–Torres 等 [81] 结合传统的调度问题解决方法和新的资源分配策略，提出了新的启发式方法进行求解。Li 等 [82] 提出了一种建立在蚁群优化算法基础上的混合算法进行求解。Zheng 等 [83] 以最小化能源消耗为目标，提出了一种结合精确环境约束方法与遗传算法的解决方案。Zhu 等 [84] 提出了一种模因算法，并证明了该算法在标准算例上优于其他多目标方法。Lei 等 [85] 以最大完工时间为目标，提出了一种变邻域搜索方法进行求解。Li 等 [86] 提出了一个分支种群遗传算法，用于将进化经验从父染色体转移到子染色体，并结合其他调度改进技术，提高了算法的效率。Zheng 等 [87] 在果蝇优化算法的基础上，融入了一个知识引导的搜索机制，利用资源分配和操作序列的知识，提高了搜索效率。Lei 等 [88] 为了同时优化最大完工时间和总能耗，提出了一个包含两个阶段的动态邻域搜索策略。Andrade-Pineda 等 [89] 考虑到动态事件，提出了一种基于两种贪婪算法的方法，解决了机器调度和工作调度的子问题。Behnamian 等 [9] 提出了一种多目标混合元启发式方法，试图通过混合多目标方法获得 Pareto 最优解。Mokhtari 等 [90] 提出了一种分解方法，力求通过两个子问题来处理原始模型。

1.4　现状总结与问题分析

综上所述，目前对于多约束、多目标混合流水车间调度问题、分布式混合流水车间调度问题及资源约束的车间调度问题，均已有了一定的研究基础。然而，研究还存在以下几点不足之处。

（1）在分布式制造背景下，对于资源约束的扩展性不足。当前分布式混合流水车间调度问题的研究大多从时间约束、机器约束、工厂结构的角度出发，通过构建数学模型解决序列依赖的准备时间、分布式异构工厂、机器阻塞等问题。这种研究方法相较于实际生产调度问题，降低了子问题之间的耦合强度，尤其是在分布式制造环境中，因地区差异造成的资源分布不均、生产制造资源需求多变及资源对加工过程的动态影响等，也同样值得考虑。

（2）对于平衡车间调度问题中多冲突优化目标的研究不足。目前的车间调度研究大多针对最大完工时间或总加权延期时间等单一目标，而对多个冲突目标之间的复杂优化过程的研究相对较少。在多复杂约束的分布式混合流水调度问题中，存在许多相互冲突的优化目标，如能耗指标、成本指标等。例如，由于加工过程的能耗主要来自机器的加工速度，当机器的加工速度提高时，工件的加工时间降低，这会造成更大的能耗，加剧环境负担。此外，工件加工的连续性受到有限资源的制约，导致机器之间产生资源利用的冲突，加大了机器待机时的能耗。因此，如何在这些相互冲突的目标之间找到平衡，以制定最优的调度方案，是目前研究中亟须解决的问题。

（3）针对 Pareto 支配关系的多目标优化方法求解复杂车间调度问题的研究不足。目前，针对复杂约束车间调度问题的求解多采用精确求解方法、启发式方法和基于种群的智能优化算法。然而，利用 Pareto 知识（即 Pareto 解在目标空间中的支配关系）的多目标优化方法求解复杂约束的多目标车间调度问题的研究相对较少。基于 Pareto 支配关系的多目标优化方法能够有效解决多目标问题，通过找到一组 Pareto 最优解，实现目标之间的平衡。因此，对于 Pareto 多目标优化方法在复杂车间调度问题中的应用研究，不仅能够丰富求解方法的多样性，还能提高调度方案的质量和多目标优化效果。

（4）复杂车间调度问题求解平台的研究不足。目前，多数针对车间调度问题的研究集中在对实际问题模型的扩展，对约束条件和多目标的探索上，很少有整合求解方法和复杂约束调度问题算例的仿真平台。搭建此类平台，不仅能将不同的求解方法在相同的条件下进行对比和评估，还能深入理解复杂车间调度问题的特性，为新的算法和优化方法的验证提供标准化数据分析支持。

1.5　研究目标与研究内容

基于上述国内外研究现状的总结和分析，本书对资源约束下的分布式混合流水车间调度问题进行了研究，并构建了相应的调度问题模型。为了同时优化最大完工时间和总能耗，设计了高效的多目标算法。主要的研究目标如下：

（1）针对资源总量受限且包含多类型资源的分布式资源约束混合流水车间调度问题，本书提出了一种基于协作的多目标算法。考虑到加工能耗主要与机器的加工速度相关，这里需要一种考虑资源约束的机器速度调整规则，来提高算法的收敛能力。通过利用个体在目标空间中的 Pareto 支配关系，来提高算法在复杂解空间中的搜索效率。

（2）针对具有依赖于资源的动态加工过程的分布式资源约束混合流水车间调度问题，本书提出了一种多维协同进化算法。为了使所考虑的问题更贴近现实生产环境，本书同时考虑了工件在阶段间的运输过程，并将最大完工时间和总能耗作为优化目标。通过对问题特性的分析，得出了四个关键性的引理和两个资源重分配规则。考虑到问题包含的编码维度较多，设计了高效的多维全局搜索和局部搜索策略，并确保了进化过程中种群的多样性。

（3）针对制造企业在分布式制造模式下实现多个资源约束混合流水车间之间的协作调度问题，本书基于 MATLAB App Designer 构建了分布式资源约束混合流水车间调度求解与仿真平台。将不同算法和不同规模算例融合到平台中，方便用户在不同调度问题下进行算法的对比。此外，可以利用可视化的数据分析窗口，将不同数据分析和绘图方法集成到平台中，方便用户直观地分析对比结果。

本书的总体框架如图 1–3 所示，各章节的研究内容如下：

第 1 章，绪论。介绍了本书的研究背景、研究意义及目的。分析并总结了混合流水车间调度问题、资源约束车间调度问题、分布式混合流水车间调度问题及其多约束条件在国内外的研究现状。最后，阐述了本书的研究目标和研究的创新性内容。

第 2 章，混合流水车间调度以及多目标优化方法的相关概念。基于经典混合流水车间调度的加工过程，对分布式混合流水车间调度问题和资源约束混合流水车间调度问题进行描述，通过假设条件和问题分析，构建数学建模。此外，介绍了 Pareto 多目标的基础知识，并对一些多目标评价指标进行了阐述。

第 3 章，资源约束的分布式混合流水车间调度方法。本章提出了一种基于协作的多目标算法，在该算法中，平衡目标值的机器选择策略用于平衡初始种群的质量和多样性。基于 Pareto 知识的协同搜索机制增强了每次迭代中的全局搜索能力。为了提高算法的收敛性，本章在局部搜索中嵌入了一种分布式的机器速度调整规则。通过对所得计算结果的数据分析，对算法进行比较，验证了所提算法的高效性能。

第 4 章，动态加工依赖资源的分布式混合流水车间调度方法。本章提出了一种多维协同进化算法，在该算法中，为了提高三维编码下的全局搜索能力，本章设计了一种基于双种群的自适应变维协同搜索方法。为了探索不同维度下高质量解的局部搜索潜力，设计了一种基于 Q 学习的维度检测搜索方法。其中，世代距离引导的奖励值使 Q 表能有效地指引 Pareto 前沿搜索方向。最后，指出一种高效的种群交互策略，用来确保种群间的多样性。此外，通过与其他高性能算法在实际车间仿真实验中得到的结果进行对比，验证了所提算法的有效性。

第 5 章，分布式资源约束混合流水车间调度问题求解平台。本章基于 MATLAB App Designer 开发了一个分布式制造模式下资源约束混合流水车间调度问题求解平台。平台整合了本书涉及的所有对比算法、参数设置和调度问题算例。实验结果以可视化数据和图窗口呈现，并结合了多种数据分析方法和绘图模式。最后，通过对平台进行测试，验证了该平台的稳定性。

第 6 章，总结与展望。本章是对本书的主要研究工作进行总结，并对未来的研究工作进行展望。

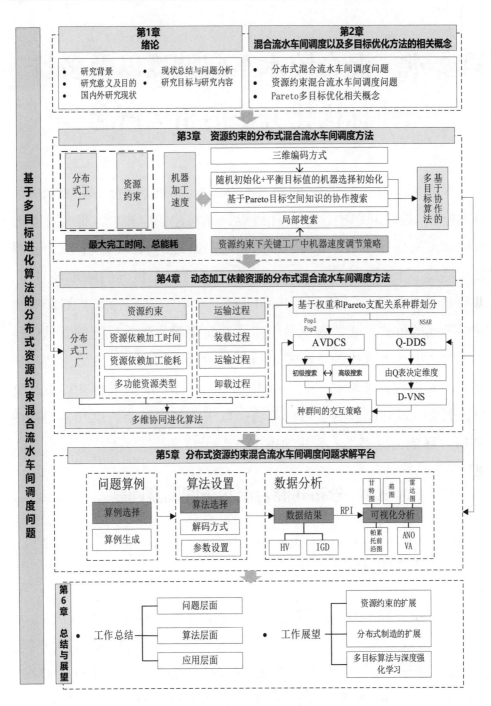

图 1-3　本书框架图

第2章 混合流水车间调度以及多目标优化方法的相关概念

本章针对所要研究的 DRCHFSP 的基础问题，即 DHFSP 和 RCHFSP，进行问题描述和条件假设，并构建数学模型。此外，由于车间调度问题属于 NP 难问题，即使是最基础的 HFSP，在 10 个工件需要经过 2 个加工阶段，且每阶段包含 2 台加工机器的简单场景下，可行解的数目为 $10! \times 2^{2 \times 10} = 3.7965\text{E}+13$，其中，10! 表示对 10 个工件进行排列的方式，$2^{2 \times 10}$ 表示每个工件在每个阶段选择机器的方式。在实际生产中，大规模的算例使可行解的数目更加庞大，加之生产环境抽象的复杂约束条件和多目标优化需求，使 HFSP 的求解变得更加复杂。因此，设计高效的多目标算法，以求解包含复杂约束和多目标的 HFSP，已成为更多学者关注的重点。

2.1 分布式混合流水车间调度问题

2.1.1 问题描述及条件假设

DHFSP 是组合优化领域的关键问题，其问题描述如下：存在 n 个需要加工的工件和 F 个工厂，每一个工厂 f 都是同构的混合流水车间，如图 2-1 所示。该车间包含 S 个加工阶段，且每个阶段 g 由 M_g（$M_g > 1$）台互不干扰的并行机器组成。工件 j 需要被分配到任意一个工厂，并在该工厂中依次完成 S 道加工工序。每道工序工件可选择对应阶段的任意机床进行加工，但不同机床的加工时间 $pt_{j,i,g,f}$ 不同。DHFSP

的子问题包括：①工厂分配，即为每个工件分配合适的工厂；②机器分配，即为每个工件在不同阶段选择合适的机器；③每台机器上工件的加工顺序，即调度工件的加工顺序，以保证最小化最大完工时间 C_{max}。

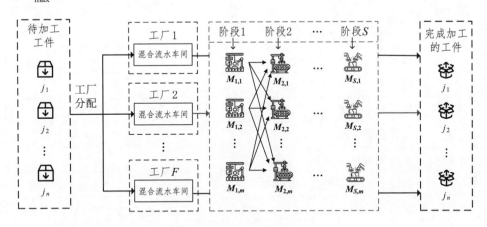

图 2-1　分布式混合流水车间

DHFSP 的假设条件如下：

（1）每个工件只能被分配到一个工厂中，且在工厂内完成所有阶段的加工工序，即不允许中断加工过程切换工厂继续加工。

（2）每个工厂至少接收一个工件的分配，即不允许出现空载工厂。

（3）所有工件自零时刻起开始加工，所有加工过程不允许中断，且工件之间相互独立。

（4）在任意加工阶段，工件只能选择一台机器进行加工，且每台机器在任意时刻只能加工一个工件。

（5）所有机器在任意时刻都是可用的，即不考虑机器因维护或损坏导致的不可用的情况。

（6）同一工件在连续两个阶段间的加工必须顺序进行，即工件只有加工完毕前置阶段才能开始后置阶段的加工。

2.1.2　问题建模

DHFSP 的建模中使用的变量定义见表 2–1。

表 2–1　DHFSP 的变量定义

符　号	描　　述
j , j'	工件编号，$j, j' = 1, 2, \cdots, n$
i	机器编号，$i = 1, 2, \cdots, M_g$
g	阶段编号，$g = 1, 2, \cdots, S$
f	工厂编号，$f = 1, 2, \cdots, F$
n	工件总数
F	工厂总数
M_g	阶段 g 的不相关并行机器数量
S	阶段总数
L	一个极大的正数
$pt_{j,i,g}$	工件 j 在阶段 g 的机器 i 上的标准加工时间
$S_{j,g,f}$	工厂 f 中工件 j 在阶段 g 的开始加工时间
$E_{j,g,f}$	工厂 f 中工件 j 在阶段 g 的结束加工时间
$X_{j,i,g,f}$	决策变量，如果工件 j 在工厂 f 中的第 g 阶段选择在机器 i 上加工，则为 1；否则为 0
$Y_{j,j',i,g,f}$	决策变量，如果在工厂 f 中第 g 阶段的机器 i 上工件 j 优先于工件 j' 加工，则为 1；否则为 0
$Z_{j,f}$	决策变量，如果工件 j 在工厂 f 中加工，则为 1；否则为 0
$C_{\max}$	最大完工时间

DHFSP 的建模如下所示。

$$\min \ C_{\max} \tag{2-1}$$

s.t.

$$C_{\max} \geq E_{j,S,f} \quad \forall j, f \tag{2-2}$$

$$S_{j,g,f} \geq E_{j,g-1,f} \quad \forall j, g, f \tag{2-3}$$

$$E_{j',g,f} \geq E_{j,g,f} + pt_{j',i,g} - L(1 - Y_{j,j',i,g,f}) \quad \forall j \neq j', i, g, f \qquad （2-4）$$

$$E_{j,g,f} \geq S_{j,g,f} + pt_{j,i,g} - L(2 - X_{j,i,g,f} - Z_{j,f}) \quad \forall j, g, f \qquad （2-5）$$

$$\sum_{f=1}^{F} Z_{j,f} = 1 \quad \forall j \qquad （2-6）$$

$$\sum_{f=1}^{F} \sum_{i=1}^{M_g} X_{j,i,g,f} = 1 \quad \forall j, g \qquad （2-7）$$

$$Y_{j,j',i,g,f} + Y_{j',j,i,g,f} \leq 1 \quad \forall j, j', i, g, f \qquad （2-8）$$

其中，公式（2-1）表示优化的目标为最小化最大完工时间。公式（2-2）是最大完工时间的计算方式，即最大完工时间取决于每个工厂最后一个阶段中最后完成加工的时间。公式（2-3）确保工件按照阶段顺序加工，即工件只有加工完毕前置阶段才能开始后置阶段的加工。公式（2-4）表示分配到同一台机器上的工件在任意时刻只能有一个工件加工，即在工厂 f 的阶段 g 中的机器 i 上，如果工件 j 优先于工件 j' 进行加工，则工件 j' 的结束加工时间应该大于工件 j 的结束加工时间加上工件 j' 的加工时间。公式（2-5）表示工件在任意阶段的结束加工时间和开始加工时间之间的关系，即任意阶段的开始加工时间加上加工时间等于结束加工时间。公式（2-6）确保每个工件只能分配到唯一的工厂中。公式（2-7）确保了任意工件在任意阶段只能选择一台机器进行加工。公式（2-8）保证了机器上相邻工件的加工顺序是唯一的。

2.2　资源约束混合流水车间调度问题

2.2.1　问题描述及条件假设

RCHFSP 的车间构造图如图 2-2 所示，其问题描述如下：有 n 个工件需要经过 S 个阶段的连续加工，即所有工件有着相同的加工路径，

且一共包含 $O_{n,S}$ 道加工工序。每个阶段 g 都有 M_g 台互不干扰的并行机器，即在每个阶段，工件可以选择在任何一台机器上加工，但加工时间 $pt_{j,i,g}$ 不同。工件在各个阶段的加工操作需要额外的可再生资源进行辅助，即每道工序 $O_{j,g}$ 需要一种特定类型的资源才能开始加工。所有类型的资源在全阶段之间是共享的，工序 $O_{j,g}$ 所需要的资源类型是提前定义的。在该车间中共包含 h 种类型的资源，且每种类型资源的最大数量不同。RCHFSP 的子问题包括：①机器分配；②每台机器上工件的加工顺序；③资源的调度，即在资源总量受限的情况下分配每道工序使用的资源类型优先级，以保证最小化最大完工时间 $C_{\max}$。

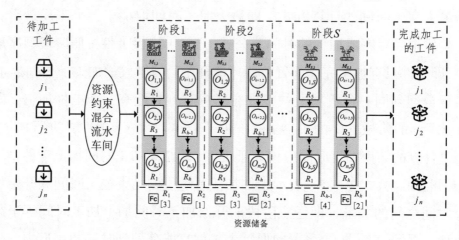

图 2-2　RCHFSP 的车间构造图

RCHFSP 的假设条件如下：

（1）任何机器在任意时刻不允许加工一个以上的工件，也不允许任何工件在同一阶段分配一台以上的机器加工。

（2）加工操作和资源的占用都不允许中断。

（3）工件在完成加工后立即转移至机器的缓冲区。

（4）机器的缓冲区是无限大的。

（5）所有机器和资源在系统启动时刻处于可用状态。

（6）所有工件相互独立，且在系统启动时刻允许被加工。

（7）所有工件只有完成前一阶段的加工后，才能进行下一阶段的加工操作。

（8）每道工序需确保有特定资源类型的供给才能开始加工，否则工件处于待加工状态。

（9）每道工序所需的资源类型是提前定义的，且只消耗一个单位的资源。

（10）每种类型资源的使用量不能超过其最大数量。

（11）资源在完成加工操作后立即释放，不考虑资源的运输时间。

2.2.2　问题建模

RCHFSP 的建模中使用的变量定义见表 2–2。

表 2–2　RCHFSP 的变量定义

符　号	描　　　述
j	工件编号，$j=1,2,\cdots,n$
i	机器编号，$i=1,2,\cdots,M_g$
g	阶段编号，$g=1,2,\cdots,S$
k	资源类型编号，$k=1,2,\cdots,h$
r	工序编号，$r=1,2,\cdots,O_{n,S}$
q	工件加工位置编号，$q=1,2,\cdots,n$
n	工件总数
h	资源类型总数
M_g	阶段 g 的并行机器数量
$C_{\max}$	工序总数
S	阶段总数
$pt_{j,i,g}$	工件 j 在阶段 g 的机器 i 上的标准加工时间
L	一个极大的正数
$SM_{i,q}$	机器 i 在加工位置 q 的工件时的开始加工时间
$EM_{i,q}$	机器 i 在加工位置 q 的工件时的结束加工时间

符　号	描　　述
$S_{j,g}$	工件 j 在阶段 g 的开始加工时间
$E_{j,g}$	工件 j 在阶段 g 的结束加工时间
$SR_{r,\text{res}}$	工序 r 占用资源 res 的开始时间
$ER_{r,\text{res}}$	工序 r 占用资源 res 的结束时间
$X_{j,i,g,q}$	决策变量，如果工件 j 在阶段 g 的机器 i 上的加工位置为 q，则为 1；否则为 0
$Y_{\text{res},j,g,r}$	决策变量，如果资源 res 在阶段 g 加工工件 j 的工序 r 时被占用，则为 1；否则为 0
$R_{r,i,\text{res}}$	决策变量，如果工序 r 在机器 i 上加工时占用资源 res，则为 1；否则为 0
$C_{\max}$	最大完工时间

RCHFSP 的建模如下所示。

$$\min C_{\max} \tag{2-9}$$

s.t.

$$C_{\max} \geqslant E_{j,S} \quad \forall j \tag{2-10}$$

$$SM_{i,q+1} - EM_{i,q} + L(1-X_{j,i,r,q}) \geqslant 0 \quad \forall j,q,i \in M_g, r,q \tag{2-11}$$

$$E_{j,g} = S_{j,g} + pt_{j,i,g} \quad \forall j,i \in M_g, g \tag{2-12}$$

$$E_{j,g} \leqslant S_{j,g+1} + L\left(1-\sum_{q=1}^{n} X_{j,i,g+1,q}\right) \quad \forall j,i \in M_g, g \tag{2-13}$$

$$SM_{i,q} + \sum_{i=1}^{M_g} (pt_{j,i,g} \times X_{j,i,g,q}) = EM_{i,q} \quad \forall q,j,g \tag{2-14}$$

$$SM_{i,q} \leqslant EM_{i,q+1} \quad \forall i,q \tag{2-15}$$

$$EM_{i,q} \leqslant S_{j,g} + L(1-X_{j,i,g,q}) \quad \forall j,i,g,q \tag{2-16}$$

$$EM_{i,q} + L(1-X_{j,i,g,q}) \geqslant S_{j,g} \quad \forall j,i,g,q \tag{2-17}$$

$$\sum_{g=1}^{S}\sum_{q=1}^{n} X_{j,i,g,q} = 1 \quad \forall j,i \in M_g \tag{2-18}$$

$$\sum_{j=1}^{n} X_{j,i,g,q} \leq 1 \quad \forall q, i \in M_g, g \qquad (2\text{-}19)$$

$$\sum_{j=1}^{n} X_{j,i,g,q} \geq \sum_{j'=1}^{n} X_{j',i,g,q+1} \quad \forall q, i \in M_g, g \qquad (2\text{-}20)$$

$$\sum_{j=1}^{n} \sum_{g=1}^{S} Y_{\text{res},j,g,r} \geq \sum_{j'=1}^{n} \sum_{g'=1}^{S} Y_{\text{res},j',g',r+1} \quad \forall \text{res}, r \qquad (2\text{-}21)$$

$$\sum_{j=1}^{n} \sum_{g=1}^{S} Y_{\text{res},j,g,r} \leq 1 \quad \forall \text{res}, r \qquad (2\text{-}22)$$

$$\sum_{r=1}^{O_{n,S}} Y_{\text{res},j,g,r} = R_{r,i,\text{res}} \quad \forall \text{res}, i \in M_g, j, g \qquad (2\text{-}23)$$

$$\sum_{i=1}^{M_g} R_{r,i,\text{res}} = 1 \quad \forall r, \text{res} \qquad (2\text{-}24)$$

$$SR_{r,\text{res}} \geq ER_{r-1,\text{res}} \quad \forall r, \text{res} \qquad (2\text{-}25)$$

$$\begin{cases} ER_{r,\text{res}} \geq E_{j,g} + L(1-Y_{\text{res},j,g,r}) \\ E_{j,g} \geq ER_{r,\text{res}} + L(1-Y_{\text{res},j,g,r}) \\ SR_{r,\text{res}} \geq S_{j,g} + L(1-Y_{\text{res},j,g,r}) \\ S_{j,g} \geq SR_{r,\text{res}} + L(1-Y_{\text{res},j,g,r}) \end{cases}, \quad \forall r, \text{res}, j, g \qquad (2\text{-}26)$$

$$R_{r,i,\text{res}} \geq Y_{\text{res},j,g,r} - L(1-\sum_{q=1}^{n} X_{j,i,g,q}) \quad \forall r, \text{res}, g, i \in M_g, j \qquad (2\text{-}27)$$

其中，公式（2-9）表示目标为最小化最大完工时间。公式（2-10）是最大完工时间的计算方式。公式（2-11）保证了任意机器在任意时刻不能同时加工两个工件，即后置工件需要等待前置工件加工完毕才能加工。公式（2-12）表示工件在任意阶段上的结束时间等于开始时间加上加工时间。公式（2-13）确保工件只有完成前置阶段的加工才能开始后置阶段的加工。公式（2-14）保证任何加工操作都不能中断。公式（2-15）反映了机器每个加工位置的开始时间和结束时间之间的关系。公式（2-16）和公式（2-17）表示机器与对应位置加工工序的开始时间关系。公式（2-18）限制了工件在任意阶段只能选择一台机器加工。公式（2-19）限制了任意机器在任意时刻只能加工一个工件。公式（2-20）和公式（2-21）保证了任意阶段的调度排列中位置靠前的工件优先加工。公式（2-22）～公式（2-25）表示同一时刻加工所需的资源数量不能超过该类型资源的最大数量。公式（2-26）表示工序的时间和资源的时间关系。公式（2-27）是机床和资源之间的对应关系。

2.3　Pareto 多目标优化相关概念

考虑到多约束、多目标的条件，实际的车间调度问题可以被抽象为具有多约束的多目标优化问题（multi-objective optimization problems，MOP）。一般的具有多约束的 MOP 的数学模型可以表达为[91]

$$F(x) = \left[f_1(x), f_2(x), \cdots, f_M(x) \right] \quad m = 1, 2, \cdots, M_{\min/\max} \quad （2-28）$$

s.t.

$$g_i(x) \geqslant 0 \quad i = 1, 2, \cdots, K \quad （2-29）$$

$$h_j(x) = 0 \quad j = 1, 2, \cdots, P \quad （2-30）$$

$$X^L \leqslant x \leqslant X^U \quad \forall x \quad （2-31）$$

其中，公式（2-28）表示需要同时优化的 M 个冲突的目标值。公式（2-29）定义了解 x 受到 K 个不等式约束，公式（2-30）定义了解 x 受到 P 个等式约束，公式（2-31）表示每个解的下界是 X^L，上界是 X^U。因此，上述具有多约束的 MOP 的可行域 D 为 $D = \{x \mid g_i(x) \geqslant 0, h_j(x) = 0; i \in [1, K], j \in [1, P]\}$。

2.3.1　约束性 MOP 的基本概念

在优化具有约束性的 MOP 时，由于决策变量之间的耦合性、约束性，优化目标之间的相互冲突性，导致不存在 $x^* \in D$，使考虑的多个

目标 $f_m(x), \forall m \in [1, M]$ 同时优化至最优值[92]。因此，单目标的优化方法不适用于多目标优化问题，需要考虑多目标优化方法。

在求解最小化具有多约束的 MOP 中，解、解集之间的基本关系定义如下。

定义 1：Pareto 支配（占优）关系。

决策空间的支配关系： 如果可行域中的两个解 x 和 y 同时满足以下两个条件，则称 x 支配 y，记为 $x \prec y$。

（1）$f_m(x) \leqslant f_m(y) \ \forall m \in [1, M]$，即 x 在 M 个目标值上都不比 y 差。

（2）$f_m(x) < f_m(y) \ \exists m \in [1, M]$，即 x 存在一个目标值要比 y 好。

目标空间的支配关系： 类似于决策空间的支配关系的定义，对于目标空间中的两个目标值向量 $F(x)$ 和 $F(y)$，如果同时满足以下两个条件，则称 $F(x)$ 支配 $F(y)$，记为 $F(x) \prec F(y)$。

（1）$f_m(x) \leqslant f_m(y) \ \forall m \in [1, M]$，即 $F(x)$ 的所有目标值都不比 $F(y)$ 差。

（2）$f_m(x) < f_m(y) \ \exists m \in [1, M]$，即 $F(x)$ 存在一个目标值比 $F(y)$ 好。

由两个定义可知，可行解 $x^* \in D$ 在决策空间和目标空间的支配关系是统一的，即 $x^* \in D$ 在决策空间支配的充分必要条件是在目标空间支配。

弱支配： 对于可行域中的两个解 x 和 y，如果仅满足第一个条件，即 $f_m(x) \leqslant f_m(y) \ \forall m \in [1, M]$，称 x 弱支配 y。

强支配： 对于可行域中的两个解 x 和 y，如果仅满足以下一个条件，即 $f_m(x) < f_m(y) \ \forall m \in [1, M]$，称 x 强支配 y。

非支配： 对于可行域中的两个解 x 和 y，如果 $f_m(x) \leqslant f_m(y)$ $\forall m \in [1, M]$ 不成立，且 $f_m(x) > f_m(y) \ \exists m \in [1, M]$ 成立，则称 x 与 y 是非支配关系。

如图 2-3 所示，根据上述定义，解 x 强支配解 b，被解 a 支配，与解 c 是非支配关系，弱支配解 d。因此，右上区域为解 x 的支配域，左

下区域为解 x 的被支配域，左上和右下区域为非支配域。其中，以解 x 为原点做出的两条实线上的解为弱支配。

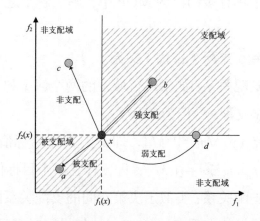

图 2-3　Pareto 支配关系

定义 2：Pareto 最优解集（Pareto-optimal set，PS）是所有 Pareto 最优解的集合，即 $PS = \{x \mid \neg \exists x^* \in D : x^* \prec x\}$。

定义 3：Pareto 最优前沿（Pareto-optimal front，PF）是指 PS 中的解在目标值空间构建的曲面，即 $PF = \{F(x) = (f_1(x), f_2(x), \cdots, f_M(x)) \mid x \in PS\}$。

Pareto 最优解集构成的 Pareto 最优前沿如图 2-4 所示。在 PF 中的解，每两个解之间是非支配关系。

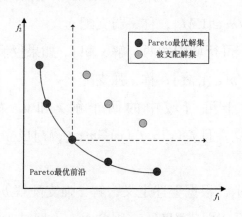

图 2-4　Pareto 最优前沿

2.3.2 多目标优化方法

在求解具有多约束的 MOP 时，通常采用多目标优化算法（multi-objective evolutionary algorithm，MOEA）。MOEA 的主要目标是找到一组非支配解集，用来权衡不同优化目标之间的关系。MOEA 以种群为基础，主要执行过程包括环境选择、交叉操作和变异操作。环境选择用于在进化过程中为种群保留优质个体，淘汰劣势个体；交叉操作主要用于对解空间进行全局搜索；变异操作主要用于对当前解进行局部搜索，寻找优质解。MOEA 的最终任务是对 MOP 进行求解，得到的非支配解集 PF 更加接近实际的 Pareto 前沿 PF^*。

在单目标优化算法中，通常以目标值作为适应度函数进行优化。而在 MOEA 中，适应度函数通常分为四类 [92]，即基于聚合的目标值、基于准则选择优化目标、基于 Pareto 支配关系、基于多目标评价指标。它们的详细描述如下。

（1）基于聚合的目标值：此适应度函数为所有目标函数的加权求和，是把多目标函数通过加权方式聚合成单目标函数，再进行求解的方法。其定义如公式（2–32）～公式（2–36）所示。

$$F(x) = \sum_{m=1}^{M} w_m f_m(x) \quad m = 1, 2, \cdots, M_{\min/\max} \qquad （2–32）$$

s.t.

$$g_i(x) \geq 0 \quad i = 1, 2, \cdots, K \qquad （2–33）$$

$$h_j(x) = 0 \quad j = 1, 2, \cdots, P \qquad （2–34）$$

$$w_m \geq 0 \quad m = 1, 2, \cdots, M \qquad （2–35）$$

$$\sum_{m=1}^{M} w_m = 1 \quad m = 1, 2, \cdots, M \qquad （2–36）$$

基于聚合的方法需要多次运行单目标算法，来获得权衡目标值后的非支配解集。其求解效率依赖于基于先验知识的权重调整策略，所以目前大多数采用聚合目标值方法构造适应函数的算法倾向于使用权重动态调整或自适应权重策略。

（2）基于准则选择优化目标。在种群进化的过程中，基于特定的准则，对优化的目标值进行调整，如经典的 VEGA 算法，将种群分成 M 个子种群，每个子种群负责对一个目标值进行搜索。

（3）基于 Pareto 支配关系。通过 Pareto 解或解集的支配关系定义适应度函数，使算法的适应度函数受个体在空间中的占优关系驱动，促使算法的整体搜索过程趋向于真实的 Pareto 前沿。

（4）基于多目标评价指标。适应度函数采用多目标评价指标。此时，算法对于目标函数的优化转换成对于多目标评价指标的优化，也就是利用多目标评价指标对一组解的优劣进行判断。

2.3.3 多目标评价指标

为了评价 MOEA 求解 MOP 获得的 PF 结果与实际 PF（记为 $PF*$）之间的差距，可以从两个方面进行评价，即 PF 与 $PF*$ 之间的接近程度（收敛性）和 PF 中解的离散程度（多样性）[93]。本次研究主要使用的评价指标为世代距离（generational distance，GD）[94]、反世代距离（inverted generational distance，IGD）[95] 和超体积（hyper volume，HV）[96]。其定义如下：

（1）世代距离（GD）。GD 是评价算法的收敛性指标，如公式（2–37）所示。

$$\text{GD}(PF, PF*) = \frac{\sqrt{\sum_{x \in PF} \min_{y \in PF*} \text{dis}(y,x)^2}}{|PF|} \tag{2–37}$$

式中，dis（y,x）表示 PF 中的解 x 到 $PF*$ 中的解 y 的最短欧氏距离；$|PF|$ 表示 PF 包含的解的个数。

由图 2–5 可知，GD 的值越小表示 PF 越靠近 $PF*$，即算法的收敛性越好。由 GD 的性质可知，GD 值反映了 PF 是否收敛的可靠性依赖于先验知识的准确性和完整性，即 $PF*$ 的获取和估计精度对 GD 的影响大，且当 $PF*$ 中解不充足时，GD 值有明显的缺陷[96]。

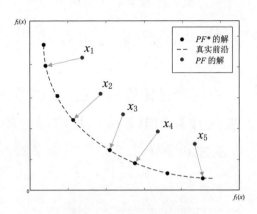

图 2-5 GD 计算示例

（2）反世代距离（IGD）。IGD 是 GD 的逆向映射，是衡量 $PF*$ 与算法获得的 PF 之间差距的指标。公式（2-38）为 IGD 计算方式。

$$\text{IGD}(PF, PF*) = \frac{\sum_{x* \in PF*} \min(d(x*, PF))}{|PF*|} \quad （2\text{-}38）$$

式中，$\left|PF^{*}\right|$ 表示 PF^{*} 包含的解的个数；$\min(d(x^{*}, PF))$ 表示 PF^{*} 的解 x^{*} 到 PF 中的解之间的最小欧式距离。

如图 2-6 所示，IGD 衡量了 PF，即评价了算法的收敛性和多样性。因此，IGD 值越小，算法获得的 PF 越接近 $PF*$。

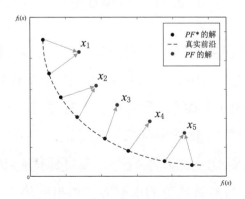

图 2-6 IGD 计算示例

（3）超体积（HV）。HV 是衡量 PF 与参考点 P 之间形成的空间大小的指标。HV 的计算如公式（2-39）所示。

$$HV(PF,P)=\bigcup_{x\in PF}^{PF} v(x,P) \qquad （2-39）$$

式中，$v(x,P)$ 表示 PF 中的解 x 和参考点 P 之间形成空间的超体积。

如图 2-7 所示，在两个目标值形成的二维空间中，由五个解构成 PF 和参考点 P 之间计算的 HV 结果是阴影区域的面积。因此，HV 越大，算法的收敛性和多样性越好。在本书的所有对比实验中，P 取 $(1.1,1.1)$。

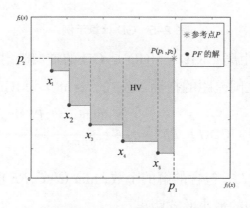

图 2-7　HV 计算示例

2.4　本章小结

本章对于所要研究的基本车间调度问题及其涉及的多目标优化方法基础进行了综述。其中，将 DRCHFSP 拆分成 DHFSP 和 RCHFSP，并通过这两个问题的基础描述和建模，为接下来要研究的问题做出铺垫。由于研究的问题涉及了多目标优化过程，因此本章对多目标优化问题、Pareto 多目标优化的基本概念、多目标优化方法及多目标评价指标进行了阐述，为后续章节的求解方法做出铺垫。

第3章 资源约束的分布式混合流水车间调度方法

3.1 研究动机

随着全球资源供给能力的下降，资源的合理调度在制造业中显得愈发重要，特别是在半导体和精密仪器制造领域。合理的资源调度方案可以降低机器的空闲时间，从而提高生产效率，减少碳排放。近年来，分布式制造模式因其高效性受到了广泛关注和应用，其核心在于将工件制造过程分配到独立的工厂，从而提高整体生产的效率。因此，分布式混合流水车间生产模式在工件加工受到资源约束时具有显著的优势，其先进的生产管理系统和智能制造技术不仅提高了生产的灵活性和响应速度，还通过控制的平行机器选择，实现了对资源的可持续管理。

为了优化生产流程和降低生产能耗，解决当前混合流水车间面临的实际约束问题，本书以 DRCHFSP 为核心，对于可再生资源存储量受限的生产过程中的工厂分配、调度序列、机器选择和能耗控制进行详细的研究。

3.2 问题描述、条件假设与模型构建

本章描述的 DRCHFSP 是在 DHFSP 的基础上，考虑了资源约束和机器加工速度的分布式调度问题。首先，给出了 DRCHFSP 的概念性描述。随后，根据假设条件，构建了数学模型。

3.2.1 问题描述

DRCHFSP 的问题描述如下：一组工件 $j=\{1,2,\cdots,n\}$ 被分配到 F 个工厂 $f=\{1,2,\cdots,F\}$ 中进行加工。如图 3-1 所示，每个工厂都是一个相同构造的混合流水车间。在每个工厂中，分配的工件需要经过一个连续的加工阶段 $g=\{1,2,\cdots,S\}$，且每个阶段包含一组不相关的并行机器 $i=\{1,2,\cdots,M_g\}$（$M_g>1$）可供选择。同一工件选择不同的并行机器，其加工时间 $pt_{i,j}$ 是不同的。

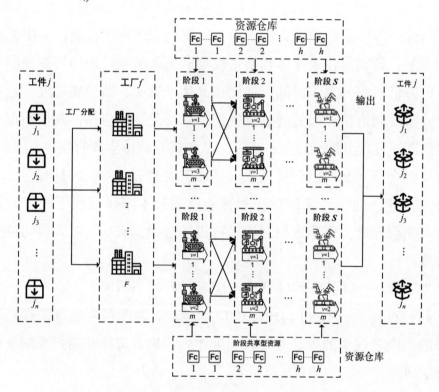

图 3-1 分布式混合流水车间的总体结构

从图 3-1 可以看出，每个工厂设置一个独立的资源仓库来储存加工使用的可再生资源。每个资源仓库储备了 h 种类型的资源 $\mathrm{res}=\{1,2,\cdots,h\}t$，并且这些资源是全阶段共享的。同时，每种类型的资源总量 $TR_{\mathrm{res}}=\{TR_1,TR_2,\cdots,TR_h\}$ 都是有限的且不同的。每个工件在不同阶段的加工操作都需要一定数量的资源 $rr_{j,g,\text{res}}$ （作为系统参数是被提前定义的）。因此，如果仓库中剩余的资源数量不满足某个工件开工所需，则工件将在机器的缓冲区等待，直至其他加工操作完成并释放持有的资源到所需量。

在所考虑的问题中，工件在每个阶段的实际加工时间 $apt_{i,j,v}$ 和加工能耗与机器的加工速度（ $V_v = \{1,2,\cdots,3\}$ ）有关。每台机器的加工速度被分为三个等级： $V_1 = 1$ 表示机器以较慢速度进行加工； $V_2 = 2$ 表示机器以正常速度进行加工； $V_3 = 3$ 表示机器以较快速度进行加工。当工件在机器上以速度 V_v 进行加工时，实际加工时间可以表示为 $\text{apt}_{i,j,v} = pt_{i,j} / V_v$ 。同时，不同的加工速度会导致机器单位时间加工能耗 $EC_{i,v}$ 不同，即机器单位时间内产生的能耗随机器的速度线性增大。因此，机器在加工同一个工件时，机器的加工速度越快，工件的实际加工时间越短，加工时的能耗越高。

3.2.2　条件假设

DRCHFSP 的假设条件如下：

（1）当工件被分配到某一个工厂后，需在此工厂中完成全部的加工工序，期间不允许中断加工操作并转移到另一个工厂继续加工。

（2）每个工件只能分配到唯一的工厂中，且每个工厂至少分配一个工件。

（3）在任何时候，每台机器只能加工一个工件，且每个工件同一时间内只能被一台并行机器进行加工。

（4）工件按照阶段顺序进行加工，即不允许进行跨阶段的加工操作。

（5）机器加工工件时不允许中断，且加工过程中机器的速度不能改变。

（6）各加工阶段之间的缓冲区容量是无限的，且每台机器的缓冲区容量是无限的。

（7）每种类型的资源按照整数进行分配，且每道工序所需资源类型和对应资源数量是已知的。

（8）当工件完成某个阶段的加工后，被占用的资源将立即释放到资源仓库，不考虑资源的运输时间。

（9）任何时刻都不允许抢占正在使用的资源。

3.2.3 模型构建

DRCHFSP 涉及的参数和变量见表 3–1 和表 3–2。

表 3–1 参数表

符　号	含　义
j	工件编号，$j=1,2,\cdots,n$
i	机器编号，$i=1,2,\cdots,M_g$
g	阶段编号，$g=1,2,\cdots,S$
pr	机器上的加工位置编号，$pr=1,2,\cdots,p$
k	工序编号，$k=1,2,\cdots,O_{j,g}$
res	资源类型编号，$res=1,2,\cdots,h$
f	工厂编号，$f=1,2,\cdots,F$
v	机器速度编号，$v=1,2,3$
n	工件总数
M	机器总数
S	阶段总数
p	每个机器的总加工位置
h	资源类型总数
F	工厂总数
M_g	每个阶段的机器数量
$O_{j,g}$	工件 j 在阶段 g 上的加工工序
V_v	机器加工速度的等级

续表

符　号	含　　义
L	一个极大的正数
$pt_{i,j}$	工件 j 在机器 i 上的标准加工时间
$rr_{j,g,\mathrm{res}}$	工件 j 在阶段 g 加工时所需资源类型为 res 的数量
SE_i	机器 i 的单位时间待机能耗
TR_{res}	资源 res 的存储量

表 3-2　变量表

符　号	类　型	描　　述
$apt_{i,j,v}$	变量	工件 j 在机器 i 上以速度等级 V_v 加工时的实际加工时间
$EC_{i,v}$	变量	机器 i 上以速度等级 V_v 加工时的单位时间能耗
$S_{j,g,f}$	变量	工厂 f 中工件 j 在阶段 g 的开始加工时间
$E_{j,g,f}$	变量	工厂 f 中工件 j 在阶段 g 的结束加工时间
$SM_{i,pr,f}$	变量	工厂 f 中机器 i 加工位置 pr 工件的开始时间
$EM_{i,pr,f}$	变量	工厂 f 中机器 i 加工位置 pr 工件的结束时间
$SR_{k,\mathrm{res},f}$	变量	工厂 f 中工序 k 占用资源 res 的开始时间
$ER_{k,\mathrm{res},f}$	变量	工厂 f 中工序 k 占用资源 res 的结束时间
$C_{\max}$	变量	最大完工时间
$PE_{i,f}$	变量	工厂 f 中机器 i 的加工能耗
$WE_{i,f}$	变量	工厂 f 中机器 i 的待机能耗
TEC	变量	机器的总能耗
$RM_{k,i,\mathrm{res},f}$	决策变量	如果工序 k 在工厂 f 中的机器 i 上加工占用了资源 res，则为 1；否则为 0
$X_{j,i,g,pr,f}$	决策变量	如果工件 j 在工厂 f 中的阶段 g 选择机器 i 上的位置 pr 加工，则为 1；否则为 0
$Y_{j,i,g,pr,v}$	决策变量	如果工件 j 在工厂 f 中的阶段 g 选择机器 i 以速度等级 V_v 加工，且位于机器 i 上的位置 pr，则为 1；否则为 0
$Z_{j,g,f}$	决策变量	如果工件 j 在工厂 f 的阶段 g 加工，则为 1；否则为 0
$R_{j,i,g,pr,\mathrm{res},f}$	决策变量	如果资源 res 在工厂 f 的阶段 g 被工件 j 在机器 i 的位置 pr 占用，则为 1；否则为 0

DRCHFSP 的优化目标为最大完工时间和总能耗，其中总能耗由机器加工能耗和机器待机能耗组成。DRCHFSP 的建模如下所示。

$$\min\ TEC = C_{\max} + \sum_{f=1}^{F}\sum_{i=1}^{m}PE_{i,f} + \sum_{f=1}^{F}\sum_{i=1}^{m}WE_{i,f} \qquad (3-1)$$

s.t.

$$E_{j,s,f} \leqslant C_{\max} \qquad (3-2)$$

$$PE_{i,f} = \sum_{j=1}^{n}\sum_{g=1}^{s}\sum_{pr=1}^{p}\sum_{v=1}^{3}\mathrm{apt}_{i,j,g,pr,f,v} \times EC_{i,v},\ \forall\ i \in M_g, f \qquad (3-3)$$

$$WE_{i,f} = \sum_{j=1}^{n}\sum_{g=1}^{s}\sum_{i \in M_g}\sum_{pr=1}^{p}(SM_{i,pr+1,f} - EM_{i,pr,f}) \times SE_i \qquad (3-4)$$

$$SM_{i,pr,f} \geqslant 0,\ \forall\ i \in M_g, pr, f \qquad (3-5)$$

$$EM_{i,pr,f} \geqslant SM_{i,pr,f},\ \forall\ i \in M_g, pr, f \qquad (3-6)$$

$$S_{j,g,f} \geqslant 0,\ \forall\ j, pr, f \qquad (3-7)$$

$$E_{j,g,f} \geqslant 0,\ \forall\ j, pr, f \qquad (3-8)$$

$$\mathrm{apt}_{i,j,g,pr,f,v} = pt_{i,j} \times \sum_{f=1}^{F}\sum_{i \in M_g}\sum_{pr=1}^{p}\sum_{v=1}^{3}\frac{Y_{j,i,g,pr,v}}{V_v},\ \forall\ j, g \qquad (3-9)$$

$$EM_{i,pr,f} = SM_{i,pr,f} + \sum_{j=1}^{n}\sum_{v=1}^{3}\mathrm{apt}_{i,j,g,pr,f,v} \times EC_{i,v},$$
$$\forall\ i \in M_g, pr, g, f \qquad (3-10)$$

$$E_{j,g,f} = SM_{i,g+1,f} + L \times (1 - \sum_{pr=1}^{p}Y_{j,i,g,pr,v}),$$
$$\forall\ j, i \in M_{g+1}, g \geqslant 1, v, f \qquad (3-11)$$

$$EM_{i,pr,f} \leqslant SM_{i,pr+1,f} + L \times (1 - \sum_{pr=1}^{p}Y_{j,i,g,pr,v}),$$
$$\forall\ j, i \in M_g, g, pr, v, f \qquad (3-12)$$

$$EM_{i,pr,f} \leqslant SM_{i,pr+1,f}, \ \forall \ i, pr, f \tag{3-13}$$

$$\sum_{f=1}^{F} \sum_{i \in M_g} \sum_{pr=1}^{p} \sum_{v=1}^{3} Y_{j,i,g,pr,v} = 1, \ \forall \ j, g \tag{3-14}$$

$$\sum_{f=1}^{F} Z_{j,g,f} = 1, \ \forall \ j, g \tag{3-15}$$

$$Z_{j,g,f} = Z_{j,g-1,f}, \ \forall \ j, g, f \tag{3-16}$$

$$\sum_{i=1}^{m} \sum_{pr=1}^{p} \sum_{v=1}^{3} Y_{j,i,g,pr,v} = Z_{j,g,f}, \ \forall \ j, g, f \tag{3-17}$$

$$\sum_{j=1}^{n} \sum_{g=1}^{s} \sum_{v=1}^{3} Y_{j,i,g,pr,v} \leqslant 1, \ \forall \ i \in M_g, g, pr, f \tag{3-18}$$

$$\sum_{j=1}^{n} Y_{j,i,g,pr,v} \geqslant \sum_{j=1}^{n} Y_{j,i,g,pr+1,v}, \ \forall \ i \in M_g, g, pr, v, f \tag{3-19}$$

$$\begin{cases} SM_{i,pr,f} \leqslant S_{j,g,f} + L \times (1 - Y_{j,i,g,pr,v}) \\ SM_{i,pr,f} + + L \times (1 - Y_{j,i,g,pr,v}) \geqslant S_{j,g,f} \end{cases} \tag{3-20}$$
$$\forall \ i \in M_g, j, g, pr, f$$

$$\begin{cases} EM_{i,pr,f} \leqslant E_{j,f} + L \times (1 - Y_{j,i,g,pr,v}) \\ EM_{i,pr,f} + + L \times (1 - Y_{j,i,g,pr,v}) \geqslant E_{j,g,f} \end{cases} \tag{3-21}$$
$$\forall \ i \in M_g, j, g, pr, f$$

$$\sum_{v=1}^{3} Y_{j,i,g,pr,v} = X_{j,i,g,pr,\mathrm{res},f}, \tag{3-22}$$
$$\forall \ i \in M_g, pr, j, g, f$$

$$\sum_{f=1}^{F} \sum_{i \in M_g} \sum_{pr=1}^{p} \sum_{\mathrm{res}=1}^{h} R_{j,i,g,pr,\mathrm{res},f} = 1, \ \forall \ j, g \tag{3-23}$$

$$\sum_{j=1}^{n} \sum_{g=1}^{s} \sum_{i \in M_g} \sum_{pr=1}^{p} R_{j,i,g,pr,\mathrm{res},f} \leqslant 1, \ \forall \ \mathrm{res}, f \tag{3-24}$$

$$\sum_{j=1}^{n}\sum_{g=1}^{s}\sum_{\text{res}=1}^{h} R_{j,i,g,pr,\text{res},f} \times rr_{j,g,\text{res}} \leqslant TR_{\text{res}},$$

$$\forall\, i \in M_g, pr, f \tag{3-25}$$

$$\sum_{\text{res}=1}^{h} R_{j,i,g,pr,\text{res},f} = X_{j,i,g,pr,\text{res},f},$$

$$\forall\, i \in M_g, pr, j, g, f \tag{3-26}$$

$$\sum_{i \in M_g}\sum_{pr=1}^{p}\sum_{\text{res}=1}^{h} R_{j,i,g,pr,\text{res},f} = Z_{j,g,f}, \quad \forall\, j, g, f \tag{3-27}$$

$$\sum_{j=1}^{n} RM_{k,i,pr,\text{res},f} = 1, \quad \forall\, k, \text{res}, f \tag{3-28}$$

$$RM_{k,i,pr,\text{res},f} \geqslant R_{j,i,g,pr,\text{res},f} - L \times (1 - \sum_{pr=1}^{p} Y_{j,i,g,pr,v}),$$

$$\forall\, j, k, i, \text{res}, f, g, r, f \tag{3-29}$$

$$SR_{k,\text{res},f} \geqslant SE_{k-1,\text{res},f}, \quad \forall\, k, \text{res}, f \tag{3-30}$$

$$\begin{cases} ER_{k,\text{res},f} \leqslant E_{j,g,f} + L \times (1 - R_{j,i,g,pr,\text{res},f}) \\ ER_{k,\text{res},f} + L \times (1 - Y_{j,i,g,pr,v}) \geqslant E_{j,g,f} \\ SR_{k,\text{res},f} \leqslant S_{j,g,f} + L \times (1 - R_{j,i,g,pr,\text{res},f}) \\ SR_{k,\text{res},f} + L \times (1 - Y_{j,i,g,pr,v}) \geqslant S_{j,g,f} \end{cases} \tag{3-31}$$

$$\forall\, i \in M_g, j, g, \text{res}, k, f$$

公式（3-1）描述了两个优化目标。公式（3-2）表明 $C_{\max}$ 是所有工厂中的最大完工时间。公式（3-3）和公式（3-4）分别计算工厂中每台机器的总加工能耗和总待机能耗。公式（3-5）和公式（3-6）确保每台机器加工不同位置工件的开始时间和结束时间均为正数，且结束时间大于或等于开始时间。公式（3-7）和公式（3-8）确保每个工厂中每个工件的开始加工时间和结束加工时间均为正值。公式（3-9）是计算每个工件在选择的机器上以速度等级 V_v 加工的实际加工时间。

公式（3-10）确保每台机器上的加工操作不会被中断。公式（3-11）确保工件后置阶段的开始时间应大于前置阶段的结束时间，即工件需要等待前置阶段的加工完成才能开始后置阶段的加工操作。公式（3-12）和公式（3-13）保证每台机器上同一时刻只能加工一个工件。公式（3-14）和公式（3-15）意味着每个工件只能选择一个工厂，且每道工序只能选择一台机器和机器上的一个位置进行加工。公式（3-16）确保同一工件的所有加工阶段的操作都应在同一工厂中完成。公式（3-17）表明每个工件只能选择一个工厂。公式（3-18）和公式（3-19）表示每道工序都应选择指定机器上的第一个可用加工位置。公式（3-20）和公式（3-21）建立了机器加工位置和分配工件之间的时间关系。公式（3-22）限制每台机器对于每一个位置的工序只能选择唯一加工速度。公式（3-23）确保每个工件在每个阶段只能占用一种类型的资源。公式（3-24）和公式（3-25）确保同一时刻加工所需的每种类型的资源总量不能超过仓库存储的最大值。公式（3-26）和公式（3-29）保证每单位资源只能被一台机器的一个位置占用。公式（3-30）表示资源在加工操作完成后立即释放，且只有在释放后才能被使用。公式集（3-31）表示资源开始占用时间与工件开始加工时间、资源结束占用时间与工件结束加工时间之间的关系。

3.3　资源约束的机器加工速度调整定理

在 DRCHFSP 问题中，机器的加工速度是影响目标值的主要因素，考虑到资源约束对开工条件的制约，传统的变速策略将不能有效地降低时间和能耗。因此，本节提出了两个资源约束下的机器加工速度调整定理，并证明了其有效性。

为方便定理的证明，首先，给出了一个 DRCHFSP 的例子，如图 3-2 所示。在例子中，$n = 6$，$s = 2$，$M_g = 2$，$h = 2$，TR_{res} 见表 3-3，

$pt_{i,j}$ 见表 3–4，$rr_{j,g,res}$ 在图 3–2 中以数组的形式给出。以第一阶段 M_1 上的 j_1-y_2 为例，[1,0] 表示 j_1 需要 1 个单位的 I 型资源才能开始处理。

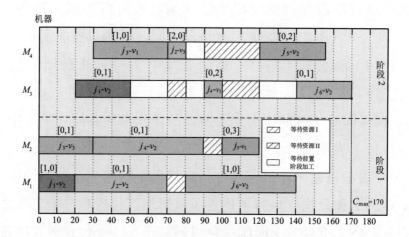

图 3–2　DRCHFSP 举例的甘特图

表 3–3　资源存储总量

TR_{res}	资源类型	
	I	II
存储量	2	3

表 3–4　工件在不同机器上的加工时间

工件	阶段 1		阶段 2	
	M_1	M_2	M_3	M_4
j_1	40	50	60	70
j_2	100	120	50	30
j_3	70	90	30	40
j_4	100	120	10	30
j_5	40	40	100	70
j_6	120	40	60	50

根据问题的特性，生产能耗过高的主要原因是机器加工速度过高。因此，在不改变 C_{max} 的情况下降低机器加工速度可以有效降低 TEC。

基于上述目的，提出一个考虑资源约束的机器降速定理，其描述和证明如下。

定理 1：针对 *TEC* 的机器降速定理。如果机器 i 上相邻工件之间的等待时间 $WT_{j,j*,g,i}$ 满足如下三个条件才能降低机器加工速度 $PV_{j*,g,i}$（请注意这里的 $PV_{j*,g,i}$ 表示工件 $j*$ 在阶段 g 的机器 i 上加工的速度等级 V_v 值）：① 当前机器加工速度 $PV_{j*,g,i}$ 必须大于 1，即 $PV_{j*,g,i} = V_v > 1$；② 降速后的工件不能影响后续工件的开始加工时间，即 $WT_{j,j*,g,i} \geq pt_{i,j*}\left[\dfrac{1}{PV_{j*,g,i}-1} - \dfrac{1}{PV_{j*,g,i}}\right]$；③ 工件 $j*$ 额外占用的资源应确保不会影响其他工件的加工操作，即在延长的时间区间 $[EM_{i,pr-1,f}, EM'_{i,pr-1,f}]$ 内，$\sum_{k' \in K} rr_{k',\text{res}} + rr_{k*,\text{res}} \leq TR_{\text{res}}$（记 K 为 $[EM_{i,pr-1,f}, EM'_{i,pr-1,f}]$ 内使用与工件 $j*$ 相同类型资源的工序集合）。

证明：首先，根据公式（3–32）计算机器 i 上相邻工件之间的等待时间 $WT_{j,j*,g,i}$。

$$WT_{j,j*,g,i} = SM_{i,pr,f} - EM_{i,pr-1,f} \tag{3–32}$$

对于条件①，如果允许机器加工速度 $PV_{j*,g,i} = 1$ 时进行降速调整，则调整后的 $PV_{j*,g,i} = 0 < 1$ 与问题中的机器速度定义相违背，因此证明条件①是定理 1 的必要条件。对于条件②，应保证降速后的后置工件完工时间不超过前置工件的开工时间，否则会影响后续工件的加工时间，因此证明条件②是定理 1 的必要条件。对于条件③，如果同时满足条件①和条件②，则可计算出工件 $j*$ 延长的加工时间 $ET = pt_{i,j*}\left[\dfrac{1}{PV_{j*,g,i}-1} - \dfrac{1}{PV_{j*,g,i}}\right]$，并可计算出降低机器速度后新的工件 $j*$ 的结束加工时间 $EM'_{i,pr-1,f} = EM_{i,pr-1,f} + ET$。在时间区间 $[EM_{i,pr-1,f}, EM'_{i,pr-1,f}]$ 内，工件 $j*$ 占用的资源应确保不会影响其他工件之前的加工操作。但是，会影响其他工件加工资源约束。因此，应该对时间区间内使用的资源情况进行判断。首先，统计所有在时间区间

$[EM_{i,pr-1,f}, EM'_{i,pr-1,f}]$ 内使用与工件 j^* 相同类型资源的工序集合 K，即 $k' \in K$ 应该满足公式（3-33）。如果资源 res 使用量（T_{res}）未达到资源存储量的上限，即 $T_{res} = \sum_{k \in K} rr_{k',res} + rr_{k^*,res} \leq TR_{res}$，则可以降低机器加工速度；否则，将会因为资源受限导致使用相同资源类型的工件延期加工，进而造成最大完工时间增加。因此，条件③是定理1的必要条件。

$$\exists k' \in O_{i,j}, \ ER_{k',res,f} \in [EM_{i,pr-1,f}, EM'_{i,pr-1,f}]$$
$$\lor SR_{k',res,f} \in [EM_{i,pr-1,f}, EM'_{i,pr-1,f}] \tag{3-33}$$
$$\lor (SR_{k',res,f} < EM_{i,pr-1,f} \land ER_{k',res,f} > EM'_{i,pr-1,f})$$

针对上述证明，结合如下例子进一步阐述。如图3-2所示，在 M_2 上，j_5 和 j_4 之间存在空闲时间 $WT_{5,4,1,2}=10>0$，j_4 的加工速度 $PV_{4,2,1}=2>1$，满足条件①。如果不考虑条件②，则将 $PV_{4,2,1}$ 降为1。$PV_{4,2,1}$ 减小后，$ET=120\times(1/1-1/2)=60>WT_{5,4,1,2}=10$，从而产生图3-3的调度结果，最大完工时间增加到215。因此，条件②是 $C_{\max}$ 不变的情况下减少加工能耗的必要条件。

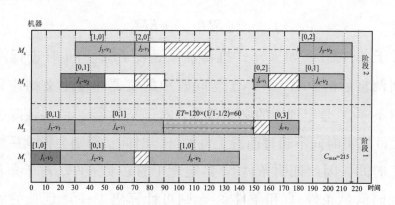

图3-3　不考虑条件②的降速结果

如图3-2所示，在 M_4 上的 j_5 和 j_2 之间存在空闲时间 $WT_{5,2,2,4}=40$，且 j_2 的加工速度 $PV_{2,4,2}=3>1$，满足条件①~③。但是，在时间区间 [80,85]（$[EM_{i,pr-1,f}, EM'_{i,pr-1,f}]$）内，$T_{res}=T_1=1+2=3>2$（$\sum_{k' \in K} rr_{k',res}=rr_{O_{1,6},1}=1, rr_{k^*,res}=rr_{O_{4,2},1}=2, TR_{res}=TR_1=2$）超出了类型 I 资源的最大上限。当 $PV_{2,4,2}$ 从3减少到2时，类型 I 资源的短缺时

间延长了 5（[70,80] 变为 [70,85]），导致需要类型 I 资源的 j_6 开工时间延迟，因此最大完工时间变为 175（图 3-4）。在图 3-2 中，M_3 上 j_4 和 j_1 之间的空闲时间 $WT_{4,1,2,3}=40$，j_1 的加工速度为 $PV_{1,3,2}=2$，满足条件 ①、②。在时间区间 [50,80] 内，$T_{res}=T_2=2+1=3\leqslant 3$

$（\sum_{k'\in K} rr_{k',res}=rr_{O_{1,2},2}+rr_{O_{2,4},2}=1+1=2，rr_{k*,res}=rr_{O_{3,1},2}=1，TR_{res}=TR_2=2）$

未超过类型 II 资源的最大上限。因此，将 $PV_{1,3,2}$ 从 2 减少到 1 不会导致后续操作因资源短缺而延迟。因此，如图 3-5 所示，车间的最大完工时间在不变的情况下，可以通过降低机器的加工速度减少车间内机器的加工能耗和待机能耗，从而达到降低 *TEC* 的目的。

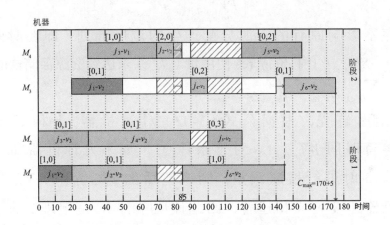

图 3-4　不考虑条件③的降速结果

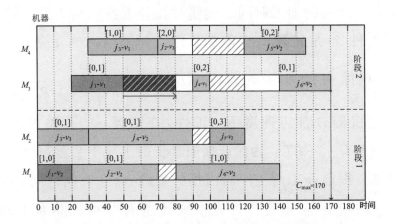

图 3-5　对举例车间内的机器进行降速处理的结果

由于工件的实际加工时间与机器的速度成反比，因此提高工件 j 在阶段 g–1 的机器 $i*$（$i^* \in M_{g-1}$）上的加工速度可以缩短实际加工时间，从而使工件 j 在阶段 g 可以提前开工，进而降低 $C_{\max}$。基于上述目的，提出一个考虑资源约束的机器增速定理，其描述和证明如下。

定理 2：针对 $C_{\max}$ 的机器增速定理。如果机器 i 上相邻工件之间的等待时间 $WT_{j,j*,g,i}$ 满足如下三个条件才能提高机器的加工速度 $PV_{j*,g,i}$：① 当前机器加工速度 $PV_{j*,g,i}$ 小于最大加工速度，即 $PV_{j*,g,i} < 3$；② 提前的加工时间不能超过相邻工件之间的等待时间，即 $WT_{j,j*,g,i} \geq pt_{i*,j}\left[\dfrac{1}{PV_{j,g-1,i*}} - \dfrac{1}{PV_{j,g-1,i}*+1}\right]$；③ 提前开工的工序不影响原有的资源分配产生的调度计划，即在时间区间 $[SM'_{i,pr,f}, SM_{i,pr,f}]$ 内，资源 res 使用量（T_{res}）未达到资源存储量的上限，即 $T_{\mathrm{res}} = \sum_{k' \in K} rr_{k',\mathrm{res}} + rr_{k*,\mathrm{res}} \leq TR_{\mathrm{res}}$。

证明：首先，根据公式（3–32）计算机器 i 上相邻工件之间的等待时间 $WT_{j,j*,i}$。对于条件 ①，如果允许机器加工速度 $PV_{j*,g,i} = 3$ 时进行增速调整，则调整后的 $PV_{j*,g,i} = 4 > 3$，与问题中的机器速度定义相违背，因此证明条件 ① 是定理 2 的必要条件。对于条件 ②，为保证提前开工的工件不会与正在加工的工件时间重合，提前的加工时间不能超过相邻工件之间的等待时间，因此证明条件 ② 是定理 2 的必要条件。如果同时满足条件 ① 和条件 ②，则缩短的加工时间为 $RT = pt_{i*,j}\left[\dfrac{1}{PV_{j,g-1,i*}} - \dfrac{1}{PV_{j,g-1,i}*+1}\right]$，并且提高机器 $i*$ 加工速度后，工件 j 在阶段 g 的开始加工时间为 $SM'_{i,pr,f} = SM_{i,pr,f} - RT$。为保证提前开工的工序不会影响原有的资源分配计划。提前开工的工序需占用的资源 res 在时间区间 $[SM'_{i,pr,f}, SM_{i,pr,f}]$ 内应保证充足。首先，统计所有在时间区间 $[SM'_{i,pr,f}, SM_{i,pr,f}]$ 内使用与提前开工的工序相同类型资源的工序集合 K，即

$k' \in K$ 应该满足公式（3-34）。如果资源 res 使用量（T_{res}）未达到资源存储量的上限，即 $T_{res} = \sum_{k' \in K} rr_{k',res} + rrt_{k^*,res} \leqslant TR_{res}$，则可以提高机器加工速度；否则，将会因为资源受限导致提前开工的工序抢占原本计划中工序的资源，造成最大完工时间增加。因此条件③是定理2的必要条件。

$$\exists k' \in O_{i,j}, \ ER_{k',res,f} \in \left[ISM_{i,pr,f}, SM_{i,pr,f}\right]$$
$$\vee \ SR_{k',res,f} \in \left[ISM_{i,pr,f}, SM_{i,pr,f}\right] \qquad (3-34)$$
$$\vee \left(SR_{k',res,f} < ISM_{i,pr,f} \wedge ER_{k',res,f} > SM_{i,pr,f}\right)$$

针对上述证明，给出如下例子进一步阐述。图 3-6 是提高机器加工速度后的调度甘特图，其中第一阶段 j_6 的速度 $PV_{6,1,1}$ 从 2 提高到 3，最大完工时间从 170 减少到了 155。

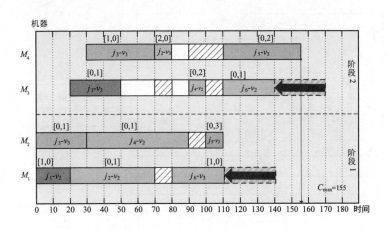

图 3-6 对举例车间内的机器进行升速处理的结果

3.4 CBMA 求解 DRCHFSP

本书在 NSGA-II 算法框架[98]的基础上进行研究，该算法在多目标优化中通过非支配排序、拥挤度距离及全局与局部搜索的综合策略，能够有效且全面地搜索出 Pareto 前沿上的多样性解。本节研究的目标是生成一组合理的调度生产方案来平衡 DRCHFSP 车间的生产效率和生产能耗，具体涉及如何合理分配工厂、安排工厂内工件的加工、分配工序加工的机器、调整机器的加工速度以及管理调度资源。为此，本节设计了基于 DRCHFSP 特性的三维编码方式，并提出了一种基于协作的多目标算法（collaboration-based multi-objective algorithm，CBMA），其执行过程如图 3-7 所示。其中包含了平衡目标值的机器选择初始化方法、基于 Pareto 知识的全局搜索策略以及基于分布式架构的机器变速局部搜索策略。

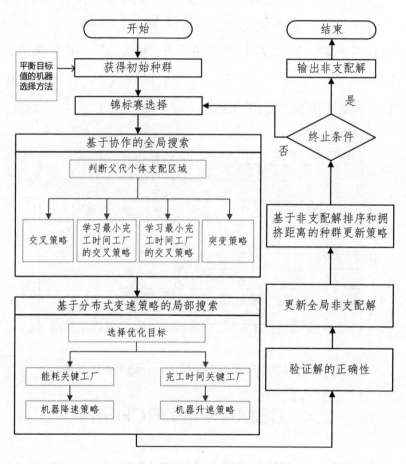

图 3-7　CBMA 算法流程

3.4.1　三维编码方式

编码方式对问题的表示能力和搜索空间的结构有重要影响。基于上述对 DRCHFSP 的问题描述，本书采用了一种由三维向量构成的编码方式，分别是工厂调度序列、机器分配序列和机器速度分配序列。每个维度的详细描述如下。

工厂调度序列是一维向量 $\pi_i = \{\pi_1, \pi_2, \cdots, \pi_{n+F-1}\}$，其中 $\pi_i \in \{0, 1, 2, \cdots, n\}$。以 0 作为工厂的分隔符，其他正整数代表工件索引。因此，工厂调度序列的长度为 $n + F - 1$。此向量的设计目标是为后续搜索中生成更多样化的工厂分配和调度序列方案，并降低交叉和突变算子的时间复杂度。

机器分配序列由矩阵 $M = (m_{g,j})_{s \times n}$ 描述，其中，$m_{g,j}$ 代表工件 j 在阶段 g 加工的机器。因此，机器分配序列的大小与 s 和 n 相关。在传统的优化算法中，机器选择任务通常采用启发式方法。然而，启发式方法会缩小解空间，这就需要改进启发式方法来弥补。特别是考虑到多约束的车间调度问题，合理的机器选择受机器速度分配、资源分配、调度序列的限制，这使得改进启发式方法变得困难。因此，将机器分配序列设计成矩阵向量，并未扩大解空间的搜索范围，通过平衡目标值的机器选择初始化方法，可以提高初始化种群的多样性和质量。

机器速度分配序列由矩阵向量 $V = (v_{i,j})_{m \times n}$ 描述，其中元素 $v_{i,j}$ 代表机器加工工件 j 的速度。因此，机器速度分配序列的长度与 m 和 n 相关。设计的机器速度分配序列可以有效扩展解空间，为每个调度方案寻找最合适的机器速度配置。考虑到解空间的增大会导致收敛困难，CBMA 采用了结合关键工厂和 3.3 节中提出的机器速度调整定理，采用启发式局部搜索方法来提高求解效率。

图 3-8 是使用所述编码方式对 DRCHFSP 问题进行编码的示例。该示例包含 2 个工厂、2 个加工阶段，且每个阶段有 2 台机器和 4 个待加工工件。4 个工件被分配到 2 个工厂中，工厂 1 的工件加工顺序为 $\{j_3, j_1\}$，工厂 2 的工件加工顺序为 $\{j_2, j_4\}$。j_1 在第一阶段选择机

器 M_2 以速度 v_2 进行加工，在第二阶段选择机器 M_4 以速度 v_3 进行加工。

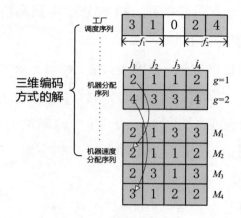

图 3-8　编码结构示例

解码过程分为两个阶段，在第一阶段，将编码结果中的调度序列作为输入，计算工件的完工时间；在第二阶段，根据前一阶段工件的完工时间，对未提前加工的工件进行升序排序，并把排序后的序列作为当前阶段的调度序列输入。在计算每个阶段作业的开始加工时间时，由于同类型资源总存储量的限制，工序 $O_{j,g}$ 可能无法与后续阶段的工序 $O_{j',g+1}$ 同时开始加工。此时，优先将资源分配给实际加工时间较短的工序。对于其他情况，资源分配按照工件在调度序列的位置，即采用先到先服务的资源分配方式。具体的解码过程如算法 3-1 所示。

算法 3-1　解码流程

1.　**For** f=1 to F **do**

2.　　$\text{Seq}_f \leftarrow$ 从 FS 中提取分配给工厂 f 的工件

3.　　**For** g=1 to s **do**

4.　　　**If** g=1 **do** // 第一阶段

5.　　　　Seq_f 作为第一阶段的调度序列

6.　　　　**For** j = 1 to length (Seq_f) **do**

7.　　　　　$\text{Job}_j \leftarrow \text{Seq}_f(j)$

8. M_g ← 从 Ma 中找到分配的机器；V_g ← 从 MV 中找到分配的机器速率

9.   res ← 找到所需的资源信息，这些信息是预先定义的

10.   找到机器 M_g 的可用时间（表示为 $M_t(M_g)$）

11.   找到资源 res 的可用时间（表示为 $Rt(res)$）

12. Job_j 的开始加工时间 $St(j,g)$ ← max($Mt(M_g)$, $Rt(res)$)

13.   **If** 存在 $St(Job_x, g+1) < St(j,g)$ 且所需资源相互冲突的情况

14.   资源 res 被分配给 Job_x，以便优先加工

15.   计算 $Et(Job_x)$ 并更新 $Mt(M_g+1)$ 和 $Rt(res)$。
   //M_g+1 是为 Job_x 分配的机器

16.   返回到步骤 13

17.   **End If**

18.   重新定义 Job_j 的开始加工时间 $St(j,g)$ ← max($Mt(M_g)$, $Rt(res)$)

19.   根据 M_g 和 V_g，按公式（1）计算实际加工时间 $apt_{i,j,v}$

20.   工件 Job_j 的结束加工时间 $Et(j)=St(j)+apt_{i,j,v}$

21.   更新 $Mt(M_g)$ 和 $Rt(res)$

22. **End For**

23. **Else** // 第二阶段

24. $Seq2_f$ ←未被提前加工的工作（步骤 13 ～ 17）按前一阶段完工时间的升序进行排序

25.   **For** j = 1 to length($Seq2_f$) **do**

26.   重复步骤 7 ～ 21

27.   **End For**

28. **End If**

29. **End For**

30. 计算最大完工时间和总能耗

3.4.2　种群初始化

为了平衡初始种群的多样性和质量，本小节采用混合初始化获得初始种群，即工厂中的调度序列和机器速度分配序列由随机方法生成。随后，对于初始种群中的个体，3/4 的个体的机器分配序列由平衡目标值的机器选择（objective-balanced machine selection，OBMS）方法生成，其余 1/4 的个体由随机方法生成。具体的初始化方法如算法 3-2 所示。

算法 3-2　初始化种群

输入：种群大小 N

输出：初始种群 P

---

1. 初始化一组均匀分布的权重向量 $W = \{\lambda_1, \lambda_2, \lambda_3, \cdots, \lambda_N\}$

2. 随机生成 N 个包含工厂中的调度序列和机器速度分配序列的个体

3. 通过平衡目标值的机器选择方法生成 $\dfrac{3}{4}N$ 个机器分配序列，其余随机生成

OBMS 方法在生成更多高质量个体的同时，兼顾初始种群的离散性。OBMS 方法是对确定性机器选择（deterministic machine selection，DMS）方法[99]的改进。在 DMS 方法中，通过计算工件对于每台机器的加工能力 $a^i_{j,g}$，选择最优 $a^i_{j,g}$ 的机器进行加工。在考虑机器加工能耗的混合流水车间问题中，$a^i_{j,g} = (pt_{i,j} \times EC_{i,j})^2$，即通过对加工时间和加工能耗的乘积进行平方的计算，惩罚较差的机器。再对 $a^i_{j,g}$ 进行归一化得到 $\text{SMAP}^i_{j,g}$，其归一化的方法如公式（3-35）所示。因此，$\text{SMAP}^i_{j,g}$ 值越高的机器 i，越适合工件 j 在阶段 g 进行加工。

$$\text{SMAP}^i_{j,g} = \frac{1 - \dfrac{a^i_{j,g}}{\displaystyle\sum_{i \in M_g} a^i_{j,g}}}{M_g - 1} \qquad （3-35）$$

虽然 DMS 方法可以通过权衡加工时间和加工能耗以选择最佳机

器，但 DMS 方法忽略了种群的离散性。因此，在平衡目标值的机器选择方法中，通过公式（3-36）计算加工能力。

$$a_{j,g}^{i} = ((\lambda_{id}(1) \times \mathrm{apt}_{i,j}) + (\lambda_{id}(2) \times EC_{i,j}))^2 \qquad (3\text{-}36)$$

式中，λ_{id} 是一组来自均匀分布的权重向量的权重 $W = \{\lambda_1, \lambda_2, \cdots, \lambda_N\}$。通过这种方式，$a_{j,g}^{i}$ 值将根据权重的选择侧重于不同的目标。算法 3-3 中描述了 OBMS 方法的详细实现。

算法 3-3　平衡目标值的机器选择

输入： 权重向量 W，种群大小 N

输出： 机器分配序列

1.　**For** $k \leftarrow 1$ **to** N **do**

2.　　随机从 W 中选择一个权重向量 λ_{id}

3.　　**For** $j \leftarrow 1$ **to** $n, i \leftarrow 1$ **to** $m, g \leftarrow 1$ **to** s **do**

4.　　　　计算并归一化 $\mathrm{apt}_{i,j}$ 和 $EC_{i,j}$

5.　　　　通过公式（3-37）计算 $a_{j,g}^{i}$

6.　　　　通过公式（3-36）计算 $\mathrm{SMAP}_{j,g}^{i}$

7.　　**End For**

8.　　**For** $j \leftarrow 1$ **to** n, $g \leftarrow 1$ **to** s **do**

9.　　　　$m_{g,j} \leftarrow \max\left(\mathrm{SMAP}_{j,g}^{i}\right)$

10.　**End For**

11.　　从 W 中删除已经使用过的向量 λ_{id}

12.　**End For**

　　在归一化目标空间中，每个权重向量 λ_{id} 可视为个体的进化方向。具体来说，权重的横坐标和纵坐标就是目标值的权重。如图 3-9 所示，以初始化 10 个个体为例，f_1 表示最大完工时间，f_2 表示总能耗。相比较于 λ_4 与 λ_8，$f_1(\lambda_4) > f_1(\lambda_8)$，$f_2(\lambda_4) < f_2(\lambda_8)$，即当选择 λ_4 时，

个体将倾向于选择能耗较低的机器；反之，当选择 λ_8 时，个体将倾向于选择实际加工时间较短的机器。

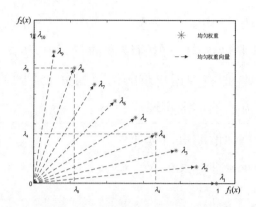

图 3-9　目标值空间均匀权重示例

为了详细解释 OBMS 方法如何改善种群的离散性，图 3-10 和图 3-11 作了进一步说明。在图 3-10 中，一个候选解 x 在初始化机器选择时，选择一个随机向量 λ_{id} 来确定机器选择的目标值侧重。如果 x 选择 λ_8，则 x 在初始化的每个阶段选择机器时，会优先选择实际加工时间较短的机器。那么，优化趋势如图 3-10 中的优化方向 1 所示，生成具有较短加工时间的潜在解 1。如果 x 选择 λ_2，则 x 在初始化各阶段机器选择策略时，优先考虑能耗较低的机器。那么优化趋势如图 3-10 中的优化方向 2 所示，生成具有较低加工能耗的潜在解 2。如果种群中有两个相同的个体，在使用平衡目标值的机器选择方法对机器进行初始化选择后，会得到两个不同目标值侧重的个体，这样就提高了种群的多样性。

如图 3-11 所示，初始种群存在两个候选解（x_1 和 x_2）。如果 x_1 选择了 λ_8，则会生成潜在解 y_1，它在选择机器时更注重较低的能耗，即 $\Delta TEC > \Delta C_{\max}$。然后删除 λ_8，并让 x_2 从剩余的权重向量中随机选择。如果 x_2 选择 λ_2，则会生成潜在解 y_2，它在选择机器时更注重较短的加工时间，即 $\Delta TEC < \Delta C_{\max}$。因此，$y_1$ 和 y_2 是沿着不同的优化方向生成的。显然，随着解之间的差距增大，初始种群变得更加离散。

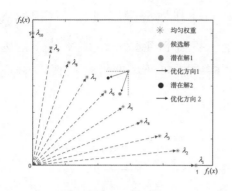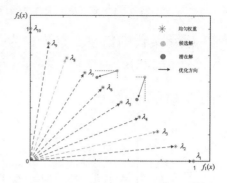

图 3–10　单一解选择不同权重的优化趋势　图 3–11　多个解选择不同权重的优化趋势

3.4.3　算子设计

在 CMBA 中使用了三种交叉算子，即多点映射交叉算子（multi–point mapping crossover，MMC）、模拟二进制交叉算子（simulated binary crossover，SBC）和单点交叉算子（single–point crossover，SPC）。三种交叉算子的具体描述如下。

（1）如图 3–12 所示，MMC 主要执行于工厂调度序列。首先，从父代 1 中随机选取连续 k 个元素作为交叉序列。然后，从父代 2 中找出交叉序列中的元素，映射到子代中。最后，父代 1 中其余元素位置保持不变映射到子代中。

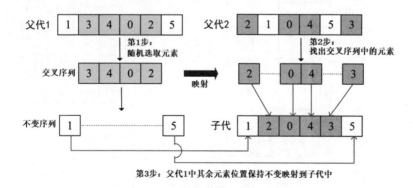

图 3–12　多点映射交叉算子示例

（2）如图 3-13 所示，SBC 主要执行于机器分配序列。子代根据概率 P_c 继承父代的信息。首先，为每个工件随机生成一个概率值（记为 P_j）。如果 $P_j > P_c$，则子代从父代 1 继承所有阶段的机器选择信息；否则，子代从父代 2 中继承。

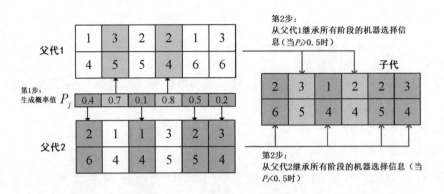

图 3-13 模拟二进制交叉算子示例

（3）如图 3-14 所示，SPC 主要执行于机器速度分配序列。首先，随机生成一个交叉位置 $loc_{i,j}$。子代继承父代 1 中 $loc_{i,j}$ 之前的信息，其余的位置继承父代 2。

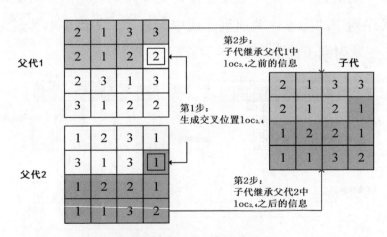

图 3-14 单点交叉算子示例

在 CBMA 中使用了四种突变算子，分别是两点交换算子（two points swap operator，TPS）、选择单点突变算子（select point mutation operator，SPM）、行交换算子（swap two rows operator，STR）和随机行插入算子（randomly insert row operator，RIR）。具体的突变过程如下。

（1）TPS 主要执行于工厂调度序列。从 $\pi_i = \{\pi_1, \pi_2, \cdots, \pi_{n+F-1}\}$ 中随机选择两个工件，并交换它们的位置。

（2）SPM 主要执行于机器分配序列。从 $M = (m_{g,j})_{s \times n}$ 的每一行中随机选择一个机器，并在机器约束范围内进行突变。

（3）如图 3-15 所示，STR 主要执行于机器速度分配序列。先随机选择 $V = (v_{i,j})_{m \times n}$ 中的两行，再交换这两行的信息。

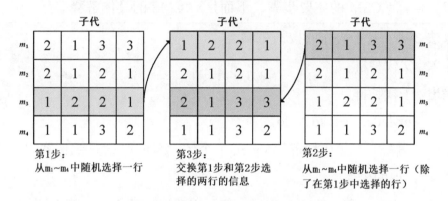

图 3-15　行交换算子示例

（4）如图 3-16 所示，RIR 主要执行于机器速度分配序列。随机选择 $V = (v_{i,j})_{m \times n}$ 中的一行信息，并将这行信息插入随机行位置之前。

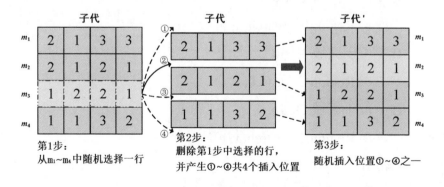

图 3-16　随机行插入算子示例

3.4.4　全局搜索策略

不同邻域中的信息对种群中的个体有着不同的影响[41]。对个体与邻域在多目标空间中的关系的定义，将决定搜索效率和进化方向。基于这个观点，本小节提出了基于协作的全局搜索机制（collaboration-based searching mechanism，CMS）。它是基于目标空间中的 Pareto 知识，融合了交叉和突变策略的搜索过程，既能让种群中的个体充分利用不同邻域的信息，朝着真实的 Pareto 前沿进化，又能避免陷入局部最优。算法 3–4 是 CSM 的主要步骤，下面是对 CMS 的具体解释。

算法 3–4　基于协作的搜索机制

输入：父代种群

输出：子代种群

1. **For** index ← 1 to N **do**

2. 解 x ← 父代种群第 index 个个体；解 y ← 通过锦标赛竞争获得的个体

3. 比较 x 和 y 的归一化目标值，以确定 y 位于 x 的哪个区域

4. **If** y 位于区域 A **do**

5. 　z ← RegionA _ search(x, y)

6. **If** y 位于区域 B **do**

7. 　z ← RegionB _ search(x, y)

8. **If** y 位于区域 C **do**

9. 　z ← RegionC _ search(x, y)

10. **If** y 位于区域 D **do**

11. 　z ← RegionD _ search(x, y)

12. **End If**

13. 将 z 添加到子代种群中

14. **End For**

如图 3-17 所示，种群中的一个解 x 可以将目标空间划分为四个支配域，即支配域 A～D。对于通过锦标赛竞争获得的解 y，如果 y 位于支配域 A，则 y 支配 x；如果 y 位于非支配域 B 或 C，则 y 与 x 互不支配，但 y 存在一个目标值优于 x；如果 y 位于支配域 D，则 y 被 x 支配。基于以上分析可得，y 位于不同的支配域，可以为 x 提供不同的进化信息。图 3-18 展示了 x 利用四个支配域的信息得出的不同潜在解，其中虚线代表潜在解可能的进化方向。

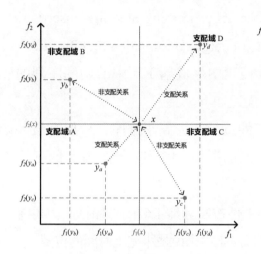

图 3-17　支配域与支配关系

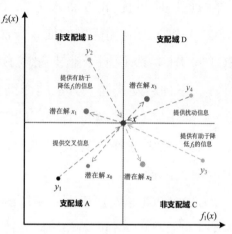

图 3-18　不同支配域的进化方式

对于支配域 A，x 可以通过交叉策略获得 y 中的信息，从而朝着支配域 A 方向进化。因此，支配域 A 的搜索过程如算法 3-5 所示。

算法 3-5　RegionA_search

输入： 父代个体 x,y

输出： 子代个体

1. \\ 将 x 作为**父代** 1，将 y 作为**父代** 2，对 x 和 y 执行交叉算子

2. 子代工厂中的调度序列← MMC(x,y)

3. 子代机器分配序列← SBC(x,y)

4. 子代机器速度分配序列← SPC(x,y)

算法 3-6 是非支配域 B 和 C 中搜索的主要步骤。当 y 位于非支配域 B 时，y 中包含较低 C_{max} 的信息。当 y 位于非支配域 C 时，y 中包含较低 TEC 的信息。因此，通过继承关键工厂（将完工时间最长或能耗最大的工厂定义为关键工厂）中的信息，能够有效地学习非支配域 B 和 C 中的个体，从而使 x 朝着较低的 C_{max} 或较低 TEC 方向进化。继承关键工厂信息的操作主要通过三种启发式插入方法实现，分别是平衡工厂负载的插入方法（balancing factory loads based insertion，BFLI）、实际加工时间优先的插入方法（actual processing time first insertion，APCF）和加工能耗优先的插入方法（energy consumption first insertion，ECT）。图 3-19 说明了非支配域 B 搜索中生成新工厂中的调度序列的过程。三种启发式插入方法的详细描述如下。

（1）BFLI：按照每个工厂的工件总数从大到小排序，从拥有最多工件的工厂中选择具有最大加工时间的工件，并将其插入最小的工厂中的随机位置。

（2）APCF：对属于同一工厂的工件按实际加工时间降序排序。再将每个工件尝试插入到所有位置，并选择对工厂来说最小完工时间的位置。

（3）ECT：对属于同一工厂的工件按加工能耗降序排序。再将每个工件尝试插入到所有位置，并选择工厂总能耗最小的位置。

算法 3-6　RegionB_search & RegionC_search

输入：父代个体 x, y

输出：子代个体

1.　**If** 支配域 B **do**

2.　　f_{key}^{y} ← 选择在 y 中具有最大完工时间的工厂作为关键工厂

3.　　f_{key}^{x} ← 选择在 x 中具有最大完工时间的工厂作为关键工厂

4.　**If** 支配域 C **do**

5.　　f_{key}^{y} ← 选择 y 中具有最小能耗的工厂作为关键工厂

6. 　f_{key}^{x} ← 选择 x 中具有最大能耗的工厂作为关键工厂

7. **End If**

8. 子代继承所有来自 f_{key}^{y} 的所有信息

9. \\ 其余工厂的信息

　　工厂中的调度序列←删除已经从 f_{key}^{y} 中继承的工件，并将 f_{key}^{y} 中

10. 未删除的工件按 BFLI 或随机方式重新安排到其他工厂，加工位置按 ECF、APTF 或随机方式重新安排

11. 机器分配序列←除了 f_{key}^{y}，其他信息都继承自 x

12. 机器速度分配序列←除了 f_{key}^{y}，其他信息都继承自 x

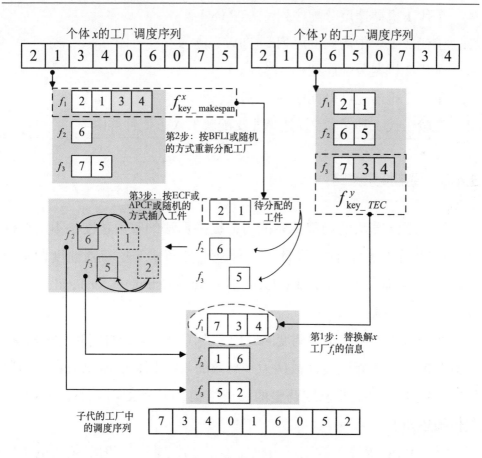

图 3-19　非支配域 B 的搜索过程

尽管支配域 D 中个体的信息对 x 的进化没有直接帮助，但其对群体的分散性有着积极影响，即 y 的信息被视为搜索过程中的一种扰动，避免全局搜索陷入局部最优解。因此，支配域 D 的搜索过程如算法 3-7 所示，主要采用突变策略进行扰动。

算法 3-7　RegionD_search

输入：父代个体 x, y

输出：子代个体

1. \\ 对 x 和 y 执行变异算子的操作
2. 子代 1 工厂中的调度序列 ← TPW(x)
3. 子代 1 机器分配序列 ← SPM(x)
4. 子代 1 机器速度分配序列 ← STR(x)
5. 子代 2 工厂中的调度序列 ← TPW(y)
6. 子代 2 机器分配序列 ← SPM(y)
7. 子代 2 机器速度分配序列 ← STR(y)
8. 比较子代 1 和子代 2，选择非支配解加入子代种群中

3.4.5　局部搜索策略

为了增强算法的局部搜索能力，提高算法的收敛速度，本书根据 DRCHFSP 的问题特性，设计了一种基于分布式工厂机器速度调整策略的局部搜索（distributed velocity adjustment strategy for local search，DVAS-LS）策略。

在分布式工厂的车间调度问题中，为了兼顾运行时间和搜索效率，针对关键工厂的邻域设计被认为是高效的 [66]。因此，本书设计了两种针对关键工厂中机器速度调整的邻域结构，记为 KNS = {IMS, RMS}。具体描述如下。

（1）IMS 提高关键工厂内机器加工速度：将完工时间最大的工厂定义为关键工厂，记为 f_{key}^M。如果 f_{key}^M 内存在工序 $O_{j,g}$ 满足针对最大完

工时间的机器变速定理，则工序 $O_{j,g}$ 的机器 i 的加工速度等级提高 1 个单位。

（2）RMS 降低关键工厂内机器加工速度：将总能耗最大的工厂定义为关键工厂，记为 f_{key}^{E}。如果 f_{key}^{E} 内存在工序 $O_{j,g}$ 满足针对总能耗的机器变速定理，则工序 $O_{j,g}$ 的机器 i 的加工速度等级降低 1 个单位。

在上述提出的局部搜索策略中，邻域的选择基于参数 P_{v}，即当随机概率值小于 P_{v} 时，局部搜索的目的是减少总能耗，邻域 RMS 被选择；相反，局部搜索的目的是减少最大完工时间，邻域 IMS 被选择。为避免算法提前陷入局部最优，利用参数 P_{k} 控制每个个体是否参与到局部搜索过程中。算法 3-8 是局部搜索策略的执行流程。

算法 3-8　布式机器速度调整的局部搜索

输入：子代种群

输出：局部搜索后的子代种群

---

1.   **For** i=1 to N **do**

2.   **If** rand < P_{k} **do**

3.   执行局部搜索的个体 current individual ←子代种群中第 i 个个体

4.   **If** rand < P_{v} **do**

5.   计算 current individual 中每个工厂的能耗

6.   对 current individual 执行 RMS 邻域操作，记最大能耗的工厂为 f_{key}^{E}

7.   **If** 在 f_{key}^{E} 内存在工序 $O_{j,g}$ 满足针对总能耗的机器变速定理 **do**

8. $$V_{j-1,i,g}=V_{j-1,i,g}-1$$

9.   **End If**

10.   更新 current individual

11.   子代种群中第 i 个个体← current individual

12. **Else**

13.   计算 current individual 中每个工厂的完工时间

14.   对 current individual 执行 IMS 邻域操作，记最大能耗的工厂为 f_{key}^M

15.   **If** 在 f_{key}^M 内存在工序 $O_{j,g}$ 满足针对最大完工时间的机器变速定理 **do**

16. $$V_{j,i,g-1} = V_{j,i,g-1} + 1$$

17. **End If**

18.   更新 current individual

19.   子代种群中第 i 个个体 ← current individual

20. **End If**

21. **Else**

22.   子代种群中第 i 个个体保持不变

23. **End If**

24. **End For**

3.5   仿真实验与数据分析

本节通过大量实验和对实验数据的分析，以验证所提出策略的有效性和 CBMA 的性能。所有实验都基于 MATLAB 2020b 开发环境，在多目标优化平台 PlatEMO[100] 上实现。实验的硬件环境为 Intel（R）Core（TM）i7–10700 CPU @ 2.90GHz 的工作站计算机。

3.5.1   实验设置与评价指标

由于目前并没有针对 DRCHFSP 的基本数据集，因此本次研究在经典的混合流水车间问题 [101] 和资源约束混合流水车间问题 [55] 的算例基础上进行扩展，生成了 27 个 DRCHFSP 问题的大规模算例。算例中的工件数量 $n \in \{50, 80, 100, 120\}$，工厂数量 $F \in \{2, 3, 4\}$，阶段数量 $s \in \{2, 3, 4\}$，资源类型数量 $h \in \{4, 5, 6\}$，每个阶段的机器数量 $M_g \in \{2, 3, 4\}$，每种资源类型的总量的取值范围为 [3,6]，加工能耗的取值范围为 [2,12]，待机能耗的取值范围为 [1,2]。例如，算例 F2-J50-S2-M2-R4 表示有 2 个同构的混合流水车间，需加工 50 个工件，每个工件需经过 2 个加工阶段，每个阶段包含 2 台机器可供选择，资源仓库中包含 4 种类型的资源供加工使用。为确保对比算法的公正性，在后续的实验测试中，每个测试案例均以 10000 次迭代作为终止条件，并进行了 10 次独立运行。

为了客观评价所提策略和算法的多样性与收敛性，本书使用 2.3.3 小节所述的 HV 和 IGD 作为多目标评价指标来评估算法。所有对比算法获得的 HV 和 IGD 结果均用相对百分比增长值（relative percentage increase，RPI）来衡量（记为 RPI(HV) 和 RPI(IGD)），其计算方式如公式（3-37）所示。

$$\text{RPI}(C) = 100 \times \frac{C - C_{\max}}{C_{\max}} \qquad （3\text{-}37）$$

式中，C 表示每个算法获得的多目标评价指标值（HV 或 IGD），$C_{\max}$ 是所有算法获得的多目标评价指标值中的最大值。

3.5.2 参数校准

在 CBMA 算法中，有四个关键的参数需要校准，分别是种群的规模 P_s、SBC 交叉概率 P_c、局部搜索中的参数 P_k 及参数 P_v。表 3-5 列出了每个参数所设置的四个参数水平值。采用田口实验设计方法构建了 L_{16} 的正交矩阵，用于参数组合，并对 16 组参数组合进行了 10 次独立运算。实验结果是对每种参数组合求解的 27 个算例获得的 IGD 值的平均值，记为 Ave_IGD，见表 3-6。

表 3-5　实验参数和参数水平值

参　数	参数水平			
	1	2	3	4
P_s	10	50	80	120
P_c	0.6	0.7	0.8	0.9
P_k	0.3	0.5	0.7	0.9
P_v	0.3	0.5	0.7	0.9

表 3-6　参数组合的响应值

序　号	P_s	P_c	P_k	P_v	Ave_IGD
1	1	1	1	1	796.15
2	1	2	2	2	736.05
3	1	3	3	3	914.60
4	1	4	4	4	1273.48
5	2	1	2	3	690.26
6	2	2	1	4	862.80
7	2	3	4	1	511.54
8	2	4	3	2	425.89
9	3	1	3	4	687.64
10	3	2	4	3	581.81
11	3	3	1	2	643.44
12	3	4	2	1	691.46
13	3	4	2	1	664.23
14	4	1	4	2	527.51
15	4	2	3	1	881.66
16	4	4	1	3	906.77

图 3-20 是根据所获得的 Ave_IGD 得出的因子水平趋势图，从中可以得出：将参数设置为 P_s=50、P_c=0.7、P_k=0.7 及 P_v=0.5 时，CBMA 的效果最佳。

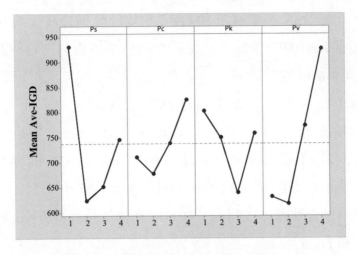

图 3-20　四个关键参数的因子水平趋势图

3.5.3　初始化策略的有效性验证

为了验证 OBMS 对提高初始化种群多样性和质量的有效性，本小节将其最早完工时间机器选择方法 [102]（earliest complete time machine selection method，ECT）和最先可用机器选择方法 [103]（first available machine selection method，FAM）进行了比较。为了保证对比实验的公平性，三种方法均只在初始化阶段使用，并设置相同的参数和实验环境。表 3-7 列出了三种方法求解每个算例的平均 HV 和 IGD 值，其中，第一列给出了每个算例的规模，第二～四列分别描述了三种算法求得的 HV 值，最后三列分别是三种方法求得的 IGD 值，最后一行是各算法解决所有算例的 HV 和 IGD 的平均值。

从表 3-7 中可以得出如下结论：① 根据 HV 结果分析，使用 OBMS 的 CBMA 在 27 个算例中取得了 26 个最优值。与 ECT 和 FAM 相比，OBMS 分别提高了约 50.2% 和 56.5%（根据 RPI(HV) 推算）。这表明 OBMS 可以提高初始化种群的离散性，并为后续搜索提供多样的信息。② 根据 IGD 结果分析，使用 OBMS 的 CBMA 在 27 个算例中取得了 25 个最优值。与 ECT 和 FAM 相比，分别提高了约 69.55% 和 73.18%（根据 RPI(IGD) 推算），这说明 OBMS 可以提高初始种群的质量，有助于提高算法的收敛效率。

图 3-21 显示了对三种机器选择方法初始化种群获得 RPI(HV) 和 RPI(IGD) 值进行方差分析（analysis of variance，ANOVA）的结果。从图 3-21 可知：① OBMS 的 RPI(HV) 值比 ECT 和 FAM 高，而 RPI(IGD) 则低于二者；② ANOVA 的计算的 p 值均小于 5%，这意味着在 95% 最小显著性差异区间内，OBMS 在初始化种群方面的性能明显优于 ECT 和 FAM。

表 3-7 三种不同机器选择初始化方法的 HV 和 IGD 值比较

算例规模	HV			IGD		
	ECT	FAM	OBMS	ECT	FAM	OBMS
F2-J50-S2-M2-R4	5.80E-01	5.80E-01	6.00E-01	7.25E-02	1.45E-01	9.90E-02
F2-J50-S3-M3-R5	5.70E-01	5.70E-01	6.10E-01	1.41E-01	1.80E-01	4.59E-02
F2-J50-S4-M4-R6	5.30E-01	5.20E-01	5.70E-01	2.07E-01	2.79E-01	8.65E-02
F3-J50-S3-M2-R6	5.90E-01	5.80E-01	6.10E-01	9.89E-02	1.17E-01	4.02E-02
F3-J50-S2-M4-R5	5.80E-01	5.70E-01	6.20E-01	1.74E-01	1.51E-01	1.70E-01
F3-J50-S4-M3-R4	5.20E-01	5.20E-01	5.70E-01	2.05E-01	2.47E-01	4.43E-02
F4-J50-S2-M3-R6	6.50E-01	6.40E-01	6.60E-01	1.52E-01	1.49E-01	3.05E-02
F4-J50-S4-M2-R5	6.60E-01	6.60E-01	6.80E-01	8.44E-02	7.21E-02	4.64E-02
F4-J50-S3-M4-R4	5.90E-01	5.80E-01	6.20E-01	2.48E-01	2.11E-01	1.32E-01
F2-J80-S2-M2-R4	5.60E-01	5.70E-01	5.80E-01	3.34E-01	3.31E-01	0.00E+00
F2-J80-S3-M3-R5	5.90E-01	5.90E-01	6.20E-01	1.70E-01	2.16E-01	6.52E-02
F2-J80-S4-M4-R6	5.40E-01	5.50E-01	5.90E-01	3.37E-01	4.14E-01	0.00E+00
F3-J80-S3-M2-R6	6.40E-01	6.30E-01	6.50E-01	1.41E-01	1.13E-01	0.00E+00
F3-J80-S2-M4-R5	6.30E-01	6.20E-01	6.50E-01	1.63E-01	1.18E-01	4.58E-02

续表

算例规模	HV			IGD		
	ECT	FAM	OBMS	ECT	FAM	OBMS
F3–J80–S4–M3–R4	5.70E–01	5.70E–01	6.10E–01	1.30E–01	1.21E–01	0.00E+00
F4–J80–S2–M3–R6	5.60E–01	5.60E–01	5.90E–01	1.36E–01	1.56E–01	2.35E–02
F4–J80–S4–M2–R5	6.20E–01	6.10E–01	6.40E–01	1.17E–01	1.24E–01	9.94E–03
F4–J80–S3–M4–R4	5.40E–01	5.40E–01	5.90E–01	1.25E–01	1.29E–01	1.64E–02
F2–J120–S2–M2–R4	5.30E–01	5.30E–01	5.40E–01	2.38E–01	2.45E–01	6.41E–02
F2–J120–S3–M3–R5	5.80E–01	5.80E–01	6.20E–01	3.01E–01	3.09E–01	8.25E–02
F2–J120–S4–M4–R6	4.70E–01	4.60E–01	5.40E–01	3.33E–01	3.92E–01	7.11E–02
F3–J120–S3–M2–R6	6.80E–01	6.70E–01	6.80E–01	7.94E–02	9.08E–02	0.00E+00
F3–J120–S2–M4–R5	6.20E–01	6.10E–01	6.50E–01	3.42E–01	3.54E–01	4.26E–02
F3–J120–S4–M3–R4	4.60E–01	4.60E–01	5.30E–01	3.50E–01	3.14E–01	0.00E+00
F4–J120–S2–M3–R6	6.20E–01	6.20E–01	6.40E–01	1.78E–01	1.46E–01	1.90E–02
F4–J120–S4–M2–R5	6.70E–01	6.60E–01	6.80E–01	1.54E–01	1.49E–01	1.93E–03
F4–J120–S3–M4–R4	5.80E–01	5.80E–01	6.20E–01	2.61E–01	2.66E–01	0.00E+00
平均值	5.90E–01	5.80E–01	6.20E–01	1.95E–01	2.05E–01	4.21E–02

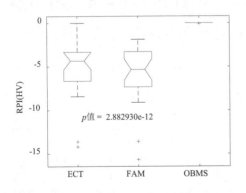
（a）对 RPI(HV) 值进行 ANOVA 的结果

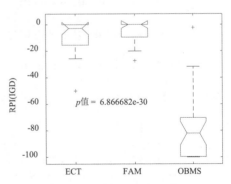
（b）对 RPI(IGD) 值进行 ANOVA 的结果

图 3–21　不同初始化方法的 ANOVA 结果

3.5.4 全局搜索策略的有效性验证

为了验证基于协作的全局搜索策略（CSM）的有效性，这里设计了两种对比算法，即带有遗传交叉和变异算子的 CBMA 算法（记为 GA_2）和带有 CSM 的 CBMA 算法（记为 CSM）。其中，GA_2 仅使用 MMC、SBC 和 SPC 算子进行交叉，使用 TPS、SPM 和 RIR 进行突变，并且每一次迭代地全局搜索时，种群都需要与锦标赛竞争获得的交配池进行交叉和突变。其余部分和 CMS 保持一致。经独立运行 10 次后，GA-2 和 CSM 获得的 HV 和 IGD 值比较见表 3-8。

表 3-8 GA_2 和 CSM 获得的 HV 和 IGD 值比较

算例规模	HV		RPI(HV)		IGD		RPI(IGD)	
	CSM	GA_2	CSM	GA_2	CSM	GA_2	CSM	GA_2
F2–J50–S2–M2–R4	6.10E–01	6.00E–01	0.00	−1.64	0.00E+00	1.94E–01	−100.00	0.00
F2–J50–S3–M3–R5	5.70E–01	5.60E–01	0.00	−1.75	0.00E+00	1.30E–01	−100.00	0.00
F2–J50–S4–M4–R6	5.70E–01	5.60E–01	0.00	−1.75	1.96E–02	1.39E–01	−85.86	0.00
F3–J50–S3–M2–R6	6.00E–01	6.00E–01	0.00	0.00	0.00E+00	1.10E–01	−100.00	0.00
F3–J50–S2–M4–R5	6.00E–01	5.80E–01	0.00	−3.33	1.18E–02	9.83E–02	−88.02	0.00
F3–J50–S4–M3–R4	6.40E–01	6.40E–01	0.00	0.00	4.17E–02	6.87E–02	−39.26	0.00
F4–J50–S2–M3–R6	6.10E–01	5.90E–01	0.00	−3.28	2.89E–02	4.60E–02	−37.12	0.00
F4–J50–S4–M2–R5	5.90E–01	5.80E–01	0.00	−1.69	0.00E+00	5.95E–02	−100.00	0.00
F4–J50–S3–M4–R4	5.80E–01	5.60E–01	0.00	−3.45	0.00E+00	1.83E–01	−100.00	0.00
F2–J80–S2–M2–R4	5.50E–01	5.30E–01	0.00	−3.64	0.00E+00	1.47E–01	−100.00	0.00
F2–J80–S3–M3–R5	5.80E–01	5.70E–01	0.00	−1.72	1.38E–02	8.38E–02	−83.56	0.00
F2–J80–S4–M4–R6	5.50E–01	5.50E–01	0.00	0.00	0.00E+00	2.25E–01	−100.00	0.00
F3–J80–S3–M2–R6	6.50E–01	6.40E–01	0.00	−1.54	3.87E–03	2.33E–02	−83.39	0.00

续表

算例规模	HV		RPI(HV)		IGD		RPI(IGD)	
	CSM	GA_2	CSM	GA_2	CSM	GA_2	CSM	GA_2
F3–J80–S2–M4–R5	6.00E–01	5.80E–01	0.00	–3.33	0.00E+00	2.11E–01	–100.00	0.00
F3–J80–S4–M3–R4	6.00E–01	6.10E–01	–1.64	0.00	4.13E–02	7.96E–02	–48.16	0.00
F4–J80–S2–M3–R6	6.00E–01	6.00E–01	0.00	0.00	0.00E+00	1.25E–01	–100.00	0.00
F4–J80–S4–M2–R5	6.90E–01	6.80E–01	0.00	–1.45	1.98E–02	6.19E–02	–68.06	0.00
F4–J80–S3–M4–R4	5.40E–01	5.40E–01	0.00	0.00	4.29E–02	3.26E–02	0.00	–23.93
F2–J120–S2–M2–R4	5.40E–01	5.40E–01	0.00	0.00	0.00E+00	1.49E–01	–100.00	0.00
F2–J120–S3–M3–R5	5.80E–01	5.60E–01	0.00	–3.45	3.86E–02	6.61E–02	–41.70	0.00
F2–J120–S4–M4–R6	5.30E–01	5.10E–01	0.00	–3.77	3.21E–02	7.46E–02	–57.04	0.00
F3–J120–S3–M2–R6	5.80E–01	5.60E–01	0.00	–3.45	1.79E–02	3.16E–02	–43.44	0.00
F3–J120–S2–M4–R5	5.90E–01	5.90E–01	0.00	0.00	6.21E–02	3.24E–02	0.00	–47.88
F3–J120–S4–M3–R4	5.60E–01	5.60E–01	0.00	0.00	6.72E–02	5.26E–02	0.00	–21.67
F4–J120–S2–M3–R6	5.30E–01	5.30E–01	0.00	0.00	7.85E–03	5.00E–02	–84.31	0.00
F4–J120–S4–M2–R5	6.80E–01	6.70E–01	0.00	–1.47	3.86E–02	1.79E–02	0.00	–53.66
F4–J120–S3–M4–R4	5.30E–01	5.20E–01	0.00	–1.89	7.14E–02	2.41E–01	–70.35	0.00
平均值	5.90E–01	5.80E–01	–0.06	–1.58	2.07E–02	1.01E–01	–67.79	–5.45

从表 3-8 中可以得出以下结论：①从 HV 结果来看，采用 CSM 的 CBMA 在 27 个算例中获得了 18 个最优值，与 GA_2 相比，CSM 的搜索效率提高了约 1.52%（根据 RPI(HV) 推算）。由此可见，CSM 可以充分利用目标空间中解之间的信息进行全局搜索，这有效地解决了因解空间复杂而导致的搜索困难问题。②从 IGD 结果来看，CSM 在 27 个算例中获得了 23 个最优值，与 GA_2 相比，CSM 搜索到的解的质

量提高了 62.34%（根据 RPI(IGD) 推算）。这表明 CSM 能够利用个体之间的有利信息进行针对性的搜索。

图 3–22 展示了 CSM 和 GA_2 对 RPI(HV) 和 RPI(IGD) 值进行 ANOVA 的结果。从中可以得出以下结论：① CSM 获得的 RPI(HV) 值比 GA_2 高，RPI(IGD) 值比 GA_2 低；② 方差分析所得 p 值都小于 5%，这意味着在 95% 最小显著性差异区间内，CSM 的性能明显优于 GA_2。

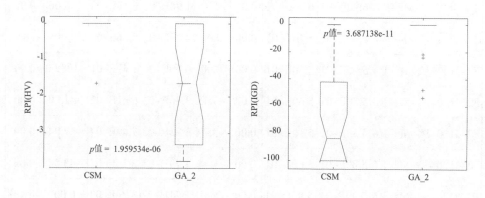

（a）对 RPI(HV) 值进行 ANOVA 的结果　　（b）对 RPI(IGD) 值进行 ANOVA 的结果

图 3–22　CSM 和 GA_2 的 ANOVA 结果

3.5.5　局部搜索策略的有效性验证

为了验证基于分布式机器速度调整的局部搜索策略（DVAS–LS）的有效性，这里设计了两种对比算法，即带有 DVAS–LS 的 CBMA（记为 DVAS–LS）和不包含局部搜索的 CBMA（记为 wDVAS）。两种算法除了局部搜索模块外，其他部分保持一致。经 10 次独立运行后，wDVAS 和 DVAS–LS 获得的 HV 和 IGD 值比较见表 3–9。

表 3-9　wDVAS 和 DVAS-LS 获得的 HV 和 IGD 值比较

算例规模	HV		RPI(HV)		IGD		RPI(IGD)	
	DVAS-LS	wDVAS	DVAS-LS	wDVAS	DVAS-LS	wDVAS	DVAS-LS	wDVAS
F2-J50-S2-M2-R4	5.80E-01	5.90E-01	-1.69	0.00	5.59E-02	3.27E-02	0.00	-41.58
F2-J50-S3-M3-R5	5.80E-01	5.60E-01	0.00	-3.45	2.59E-02	1.05E-01	-75.38	0.00
F2-J50-S4-M4-R6	5.00E-01	4.80E-01	0.00	-4.00	5.62E-02	8.12E-02	-30.72	0.00
F3-J50-S3-M2-R6	5.80E-01	5.60E-01	0.00	-3.45	2.88E-03	1.87E-01	-98.46	0.00
F3-J50-S2-M4-R5	5.50E-01	5.60E-01	-1.79	0.00	5.79E-02	2.33E-02	0.00	-59.82
F3-J50-S4-M3-R4	5.70E-01	5.30E-01	0.00	-7.02	3.59E-02	6.45E-02	-44.26	0.00
F4-J50-S2-M3-R6	5.70E-01	5.80E-01	-1.72	0.00	1.07E-01	4.54E-02	0.00	-57.67
F4-J50-S4-M2-R5	6.70E-01	6.20E-01	0.00	-7.46	8.89E-03	1.52E-01	-94.14	0.00
F4-J50-S3-M4-R4	5.20E-01	5.20E-01	0.00	0.00	6.56E-02	5.46E-02	0.00	-16.74
F2-J80-S2-M2-R4	5.40E-01	5.40E-01	0.00	0.00	2.31E-02	1.22E-01	-81.14	0.00
F2-J80-S3-M3-R5	5.50E-01	5.40E-01	0.00	-1.82	7.15E-02	9.35E-02	-23.49	0.00
F2-J80-S4-M4-R6	5.60E-01	5.30E-01	0.00	-5.36	6.75E-02	1.91E-01	-64.69	0.00
F3-J80-S3-M2-R6	6.20E-01	5.90E-01	0.00	-4.84	5.83E-02	1.46E-01	-60.07	0.00
F3-J80-S2-M4-R5	5.50E-01	5.50E-01	0.00	0.00	9.65E-03	1.44E-01	-93.31	0.00
F3-J80-S4-M3-R4	5.10E-01	5.10E-01	0.00	0.00	5.29E-02	7.12E-02	-25.73	0.00
F4-J80-S2-M3-R6	6.20E-01	6.20E-01	0.00	0.00	6.01E-02	2.92E-02	0.00	-51.36

续表

算例规模	HV		RPI(HV)		IGD		RPI(IGD)	
	DVAS–LS	wDVAS	DVAS–LS	wDVAS	DVAS–LS	wDVAS	DVAS–LS	wDVAS
F4–J80–S4–M2–R5	6.10E–01	6.00E–01	0.00	–1.64	9.10E–03	1.30E–01	–93.02	0.00
F4–J80–S3–M4–R4	6.10E–01	5.90E–01	0.00	–3.28	0.00E+00	1.42E–01	–100.00	0.00
F2–J120–S2–M2–R4	5.30E–01	5.30E–01	0.00	0.00	2.63E–02	5.64E–02	–53.45	0.00
F2–J120–S3–M3–R5	5.90E–01	5.70E–01	0.00	–3.39	1.64E–02	1.27E–01	–87.08	0.00
F2–J120–S4–M4–R6	5.10E–01	5.10E–01	0.00	0.00	5.70E–02	3.17E–01	–82.00	0.00
F3–J120–S3–M2–R6	6.50E–01	6.40E–01	0.00	–1.54	2.93E–02	1.26E–01	–76.81	0.00
F3–J120–S2–M4–R5	5.60E–01	5.60E–01	0.00	0.00	7.67E–02	6.40E–02	0.00	–16.59
F3–J120–S4–M3–R4	5.60E–01	5.50E–01	0.00	–1.79	1.81E–02	2.60E–01	–93.03	0.00
F4–J120–S2–M3–R6	6.10E–01	6.10E–01	0.00	0.00	6.22E–03	1.52E–01	–95.91	0.00
F4–J120–S4–M2–R5	6.10E–01	6.00E–01	0.00	–1.64	1.16E–02	1.32E–01	–91.23	0.00
F4–J120–S3–M4–R4	5.20E–01	5.20E–01	0.00	0.00	9.78E–02	3.03E–01	–67.78	0.00
平均值	5.70E–01	5.60E–01	–0.19	–1.88	4.10E–02	1.24E–01	–56.73	–9.03

从表 3-9 中可以得出以下结论：①从 HV 结果来看，DVAS–LS 得到的最优值占比约为 51.85%（14/27）。DVAS 得到的 RPI(HV) 平均值为 –0.19，比 wDVAS 得到的 RPI(HV) 平均值高 1.69。由此可以验证，DVAS–LS 可以有效地平衡搜索质量和种群多样性。②从 IGD 结果来看，DVAS–LS 得到的最优值占比约为 77.78%（21/27），DVAS 得到的 RPI(IGD) 平均值为 –56.73，比 wDVAS 得到的低 47.7。由此可以验证，DVAS–LS 可以有效地搜索高质量的非支配解，提高 CBMA 的收敛性。

图 3-23 是通过两种局部搜索对比算法获得的 RPI(HV) 值和 RPI(IGD) 值的方差分析结果图。可以得出以下结论：①采用 DVAS-LS 的 CBMA 具有较高的 RPI(HV) 值和较低的 RPI(IGD) 值，这意味着在 CBMA 中加入 DVAS-LS 方法生成子代会产生更多高质量的非支配解，有助于快速收敛解集；② p 值都小于 5%，这意味着 DVAS-LS 显著提高了 CBMA 的收敛性能。

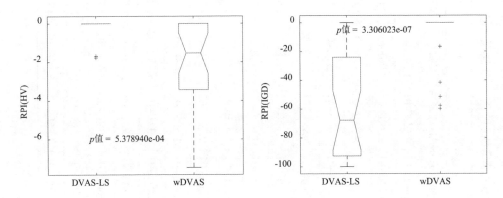

（a）对 RPI(HV) 值进行 ANOVA 的结果　　　（b）对 RPI(IGD) 值进行 ANOVA 的结果

图 3-23　DVAS-LS 和 wDVAS 的 ANOVA 结果

3.5.6　算法的有效性验证

为了评估所提出的 CBMA 算法性能，可以将其与 ARMOEA 算法[104]、NSGA-III 算法[105]、RSEA 算法[106] 及 hpaEA 算法[107] 进行比较。选择这四种算法作为对比算法的原因是 NSGA-III 算法和 RSEA 算法是解决多目标问题的典型算法，而 ARMOEA 算法和 hpaEA 算法已被证实能有效解决多目标 HFSP。为了公平比较 CBMA 和四种算法，本书作出了如下改动。除 CBMA 外，所有比较算法的 $P_s=100$，停止条件与 CBMA 相同，采用 10000 次迭代次数。此外，ARMOEA、NSGA-III、RSEA 及 hpaEA 采用 OBMS 生成初始种群，交叉和突变的遗传算子也相同，且每种算法对每个实例独立运行 30 次。五种算法求解 DRCHFSP 获得的 HV 和 IGD 结果比较见表 3-10。

表 3-10 五种对比算法求解 DRCHFSP 获得的 HV 和 IGD 结果比较

算例规模	HV					IGD				
	ARMOEA	CBMA	NSGA-III	RSEA	hpaEA	ARMOEA	CBMA	NSGA-III	RSEA	hpaEA
F2-J50-S2-M2-R4	5.40E-01	5.80E-01	5.50E-01	5.50E-01	5.40E-01	1.25E-01	1.53E-02	1.02E-01	1.71E-01	1.63E-01
F2-J50-S3-M3-R5	5.50E-01	5.70E-01	5.50E-01	5.50E-01	5.50E-01	2.18E-01	0.00E+00	2.08E-01	1.55E-01	1.52E-01
F2-J50-S4-M4-R6	5.20E-01	5.50E-01	5.20E-01	5.30E-01	5.20E-01	9.78E-02	2.92E-02	1.68E-01	1.57E-01	9.72E-02
F3-J50-S3-M2-R6	6.30E-01	6.50E-01	6.20E-01	6.30E-01	6.20E-01	1.60E-01	5.34E-02	1.52E-01	8.19E-02	1.10E-01
F3-J50-S2-M4-R5	5.60E-01	5.80E-01	5.50E-01	5.60E-01	5.60E-01	1.29E-01	3.57E-02	1.65E-01	1.32E-01	9.87E-02
F3-J50-S4-M3-R4	6.00E-01	6.30E-01	6.00E-01	6.00E-01	6.00E-01	1.79E-01	1.04E-01	1.50E-01	1.54E-01	1.61E-01
F4-J50-S2-M3-R6	5.90E-01	5.90E-01	5.80E-01	5.80E-01	5.80E-01	1.07E-01	5.08E-02	1.70E-01	1.93E-01	1.35E-01
F4-J50-S4-M2-R5	6.60E-01	6.80E-01	6.50E-01	6.50E-01	6.50E-01	1.61E-01	2.44E-02	5.21E-02	1.04E-01	4.90E-02
F4-J50-S3-M4-R4	5.10E-01	5.30E-01	5.10E-01	5.20E-01	5.20E-01	9.10E-02	7.71E-02	1.25E-01	1.24E-01	1.75E-01
F2-J80-S2-M2-R4	5.50E-01	5.60E-01	5.40E-01	5.40E-01	5.40E-01	1.60E-01	8.63E-02	2.29E-01	1.25E-01	1.23E-01
F2-J80-S3-M3-R5	5.40E-01	5.50E-01	5.30E-01	5.40E-01	5.30E-01	1.35E-01	4.28E-02	1.87E-01	2.19E-01	1.46E-01
F2-J80-S4-M4-R6	5.30E-01	5.50E-01	5.40E-01	5.40E-01	5.40E-01	1.92E-01	5.76E-02	2.71E-01	1.69E-01	2.32E-01
F3-J80-S3-M2-R6	5.60E-01	5.90E-01	5.50E-01	5.60E-01	5.60E-01	9.19E-02	6.60E-02	2.75E-01	1.69E-01	7.96E-02
F3-J80-S2-M4-R5	5.10E-01	5.40E-01	5.10E-01	5.20E-01	5.10E-01	5.28E-02	9.26E-02	1.11E-01	6.28E-02	2.14E-01
F3-J80-S4-M3-R4	5.50E-01	5.50E-01	5.50E-01	5.80E-01	5.50E-01	4.55E-02	5.10E-02	4.36E-02	4.95E-03	6.02E-02

续表

算例规模	HV					IGD				
	ARMOEA	CBMA	NSGA-III	RSEA	hpaEA	ARMOEA	CBMA	NSGA-III	RSEA	hpaEA
F4-J80-S2-M3-R6	6.30E-01	6.40E-01	6.30E-01	6.30E-01	6.30E-01	6.30E-02	5.13E-02	1.10E-01	1.10E-01	5.55E-02
F4-J80-S4-M2-R5	5.60E-01	5.90E-01	5.70E-01	5.60E-01	5.60E-01	1.35E-01	3.94E-02	1.13E-01	6.64E-02	1.54E-01
F4-J80-S3-M4-R4	5.80E-01	5.90E-01	5.90E-01	5.80E-01	5.80E-01	1.49E-01	2.72E-02	2.31E-01	2.32E-01	3.07E-01
F2-J120-S2-M2-R4	5.60E-01	5.90E-01	5.60E-01	5.60E-01	5.70E-01	1.68E-01	7.47E-02	2.41E-01	1.91E-01	9.87E-02
F2-J120-S3-M3-R5	5.90E-01	6.20E-01	5.90E-01	5.90E-01	5.90E-01	1.34E-01	8.44E-02	2.52E-01	2.47E-01	2.31E-01
F2-J120-S4-M4-R6	5.50E-01	5.60E-01	5.40E-01	5.50E-01	5.40E-01	1.34E-01	4.24E-02	2.25E-01	2.45E-01	7.92E-02
F3-J120-S3-M2-R6	6.40E-01	6.60E-01	6.30E-01	6.30E-01	6.30E-01	1.13E-01	2.43E-02	6.37E-02	8.91E-02	5.76E-02
F3-J120-S2-M4-R5	5.40E-01	5.40E-01	5.50E-01	5.40E-01	5.40E-01	1.89E-01	9.47E-02	7.05E-02	1.35E-01	1.41E-01
F3-J120-S4-M3-R4	6.00E-01	6.30E-01	6.00E-01	6.00E-01	6.00E-01	2.36E-01	1.28E-01	3.65E-01	2.37E-01	1.97E-01
F4-J120-S2-M3-R6	5.50E-01	5.70E-01	5.60E-01	5.50E-01	5.50E-01	1.51E-01	4.09E-02	7.98E-02	1.14E-01	2.22E-01
F4-J120-S4-M2-R5	6.70E-01	7.00E-01	6.70E-01	6.80E-01	6.70E-01	6.60E-02	4.66E-02	1.30E-01	9.68E-02	1.65E-01
F4-J120-S3-M4-R4	5.40E-01	5.50E-01	5.30E-01	5.30E-01	5.30E-01	1.68E-01	3.20E-02	5.27E-02	3.86E-02	9.53E-02
平均值	5.70E-01	5.90E-01	5.70E-01	5.70E-01	5.70E-01	1.35E-01	5.45E-02	1.61E-01	1.42E-01	1.41E-01

从表 3-10 中可以得出如下结论：①从 HV 结果来看，CBMA 在 27 个算例中获得了 25 个最优值，且平均 HV 值也最高，为 0.59。这证明 CBMA 在获得的非支配解多样性方面都优于其他四种对比算法。②从 IGD 结果来看，CBMA 也在 27 个算例中获得了 25 个最优值，并取得了最低的平均 IGD 值，为 0.0545。这证明 CBMA 求解 DRCHFSP 获得的非支配解更接近真正的 Pareto 前沿。

图 3-24 是对比算法的 RPI(HV) 值和 RPI(IGD) 值的方差分析结果：①与其他五种算法相比，CBMA 获得了最高的 RPI(HV) 区间和最低的 RPI(IGD) 区间；②所有 p 值均小于 5%。由此可以得出结论，CMBA 在算法搜索的全局搜索范围和局部搜索效率上都明显优于其他四种算法。

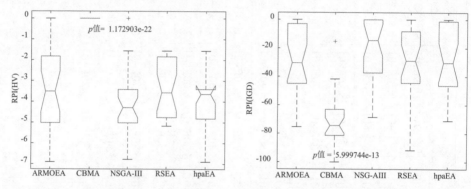

（a）对 RPI(HV) 值进行 ANOVA 的结果　　（b）对 RPI(IGD) 值进行 ANOVA 的结果

图 3.24　五种对比算法的 ANOVA 结果

算法在单次运行中获得目标空间中非支配解的概率是未知的，但可以通过统计估计器，即一阶经验实现函数（empirical attainment function，EAF），根据算法在多次独立运行中获得的结果进行经验估计[108-109]。基于 EAF 的概念，本书使用 EAF 图[110]来测试上述 CBMA 与其他四种对比算法。图 3-25 显示了 CBMA 分别与 ARMOEA、NSGA-III、RSEA 及 hpaEA 在 F2-J80-S2-M2-R4 算例中的支配性差异。在 EAF 图中，颜色的深度代表不同的支配域优势度。区域的颜色越深，表示支配度越高。从 EAF 图可以得出以下结论：① CBMA 在两个目标上都能比其他四种算法获得更好的解；②对于不同的调度环境，考虑到两个目标的支配度,CBMA 也比其他三种算法表现得更好。因此,EAF 图也生动地表明,CBMA 具有更好的收敛性和离散性。

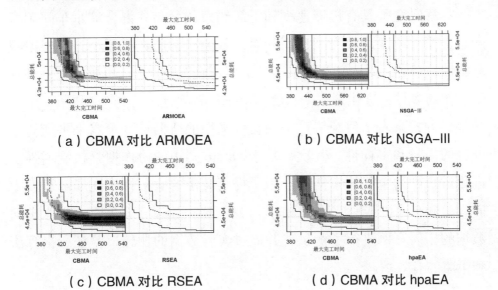

（a）CBMA 对比 ARMOEA　　　　（b）CBMA 对比 NSGA-III

（c）CBMA 对比 RSEA　　　　（d）CBMA 对比 hpaEA

图 3.25　CBMA 与其他四种算法在算例 F2-J80-S2-M2-R4 的 EAF 对比分析

图 3-26 显示了所有比较算法在求解算例 F2-J50-S3-M3-R5 和 F2-J120-S2-M2-R4 时得到的最终 Pareto 前沿,不同算法得到的 Pareto 前沿曲线用不同深度的颜色表示。图 3-26 可以得出以下结论:① CBMA 比其他算法获得了更多高质量的非支配解;② CBMA 得到的非支配解被更加接近真实前沿。因此,与其他比较算法相比,CBMA 在搜索更高质量的非支配解集方面具有更高的性能。

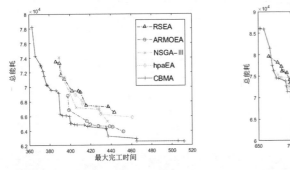

（a）求解 F2-J50-S3-M3-R5 获得的　　（b）求解 F2-J120-S2-M2-R4 获得的
　　Pareto 前沿　　　　　　　　　　　　Pareto 前沿

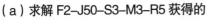

图 3-26　五种对比算法获得的 Pareto 前沿比较

3.6　本章小结

本章研究了具有机器速度和资源约束的分布式混合流水车间调度问题，建立了以最大完工时间和总能耗为目标的数学模型，并根据问题特性，提出了两种资源约束下的机器速度调整定理，也提出了一种基于协作的多目标进化算法来求解 DRCHFSP 问题。首先，使用了一个三维编码方式来表示每个解，采用目标平衡的机器选择策略来平衡初始种群的质量和多样性。其次，基于 Pareto 知识的协作搜索机制增强了进化过程中的全局搜索能力。为了提高算法的收敛性，在局部搜索中嵌入了分布式机器速度调整策略。最后，对一组基于现实混合流水车间数据的拓展算例进行了测试，并通过实验数据的比较，验证所提算法和策略的有效性。

第4章 动态加工依赖资源的分布式混合流水车间调度方法

4.1 研究动机

目前，对于 DHFSP 的研究，更侧重于工件调度和机器选择的优化。然而，在仓储资源受限的情况下，对资源类型及其分配量的优化将影响生产的周期和能耗。尤其是在精益生产过程中，资源分配量会造成加工时间和机器能耗的动态变化。为了同时优化最大完工时间和总能耗，需要制定合理的工厂分配、工件加工顺序、机器选择、资源类型及分配方案。在组合优化问题中，可行解在空间中呈离散且不规则的点状分布，且由于多个子问题相互耦合，导致传统算法难以在有限的时间内找到最优解。

由于上一章中所提的算法主要针对固定资源配给下的机器速度调整，从而平衡不同机器速度产生的能耗和加工时间，其有效性主要归因于针对问题的启发式方法和针对离散性较强的种群的协作搜索方法。但本章所考虑的问题主要从资源分配的合理性角度出发，其不仅与能耗和时间相关，还与其他子问题具有强耦合性，因此需要重新考虑有效的启发式方法。此外，由于问题特性，本章的种群离散性相对于上一章来说较小，因此上一章所使用的全局搜索策略并不能利用解空间中的位置信息进行高效搜索。基于上述原因，上一章的算法不适合求解本章所考虑的问题。

因此，本章将采用合作协同进化算法（cooperative co-evolution algorithm，CCEA）对复杂问题分解后的子问题进化单独优化，并最终协同完成整体求解。传统的 CCEA 通过并行计算提高种群分布的多样性，而强化学习算法注重高效的收敛性。为了融合二者优势，本书在沿用多维编码的同时，将 CCEA 和 Q 学习算法相结合，提出了一种基于 Q 学习的 CCEA 来解决本章所考虑的车间调度问题。其中，为提高多维编码下的全局搜索效率，设计了一种自适应变维搜索机制；同时采用 Q 学习作为局部搜索方法，探索不同编码维度上的优化潜力。此外，使用多目标评价指标 GD 来引导奖励值的分配，使其能够趋向于真实 Pareto 前沿。

4.2　问题描述与条件假设

动态加工依赖资源的分布式混合流水车间调度问题（distributed hybrid flow shop scheduling problem with resource-dependent dynamic processing，DHFSP-RDDP）描述如下：n 个工件（ $j = \{1, 2, \cdots, n\}$ ）需要被分配到 F 个工厂（ $f = \{1, 2, \cdots, F\}$ ）中进行加工，每个工厂都是同构的混合流水车间，如图 4.1 所示。每个工件需要经过 P 个阶段（ $p = \{1, 2, \cdots, P\}$ ）的连续加工，且每个阶段都有 m_g 台不相关的并行机器（ $i = \{1, 2, \cdots, m_p\}$ ），即在每个阶段，工件可以在任意一台机器上加工，但标准加工时间 $pt_{i,j,p}$ 不同。

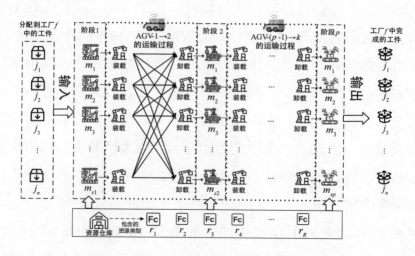

图 4-1　动态加工依赖资源的混合流水车间结构

工件在开始加工前需要额外获取可再生资源，且仓库中的资源在所有阶段之间是共享的，这意味着在任何时刻所有阶段都可以使用仓库中任意类型的资源。具体来讲，每个工厂的资源仓库都包含 R 种资源（ $r=\{1,2,\cdots,R\}$ ），但每种资源的最大存储容量在因工厂而异 $U_{r,f}^{\max}=\{U_{1,f}^{\max},U_{2,f}^{\max},\cdots,U_{R,f}^{\max}\}$ 。请注意，每个工厂之间的资源仓库相互独立。

在 DHFSP-RDDP 中，考虑了工件在阶段间的运输过程。在相邻的两个阶段之间，配置有相同数量 K 的自动导引运输车（automated guided vehicle，AGV），负责半成品工件的运输。同时，每台机器都配有一个机械臂，负责将机器上的工件装载到 AGV 及从 AGV 卸载到机器。基于上述描述，DHFSP-RDDP 的目标是同时优化最大完工时间和总能耗（包括机器、机械臂和 AGV）的能耗。

4.2.1　条件假设

DHFSP-RDDP 的假设条件如下：

（1）任何机器在同一时间只允许加工一个工件，任何工件在每个阶段只能分配到一台机器。

（2）所有操作都不允许中断，即不考虑任何维护性活动。

（3）所有工件只有在当前阶段加工完成后才允许进行运输操作。

（4）工件在完成加工后立即释放到机器的缓冲区，且缓冲区是无限大的。

（5）所有机器、资源、机械臂及 AGV 在零时刻即处于可用状态。

（6）所有工件只有在前置阶段完全加工并运输到后置阶段时，才能在后置阶段开始加工。

（7）加工操作需要满足最低资源分配的要求，否则工件将在机器上等待资源分配。

（8）机器的加工操作至少需要一个单位的所需类型资源，且加工完成后占用的资源立即释放回仓库。

（9）在任何时刻，使用的 r 资源不能超过工厂中资源存储量的最大限制 $U_{r,f}^{\max}$。

（10）每辆 AGV 同时只能运输一个工件，并且所有工件只能由一辆 AGV 运输。

（11）所有 AGV 的运输速度保持恒定，AGV 只有在完成当前运输并返回后才能开始下一次运输。

（12）所有 AGV 在完成装载操作后才能开始运输，并在完成卸载操作后立刻返回。

（13）当工件被分配到某个工厂后，它需要在此工厂中完成所有的加工工序，期间不允许中断加工操作并转移到其他工厂。

（14）每个工件只能被分配到一个工厂，且每个工厂至少分配一个工件。

4.2.2　依赖于资源的动态加工

在 DHFSP-RDDP 中，机器状态包括机器加工状态和机器待机状态。在机器加工状态下，实际处理时间 $pt_{i,j,p}$ 取决于分配的资源类型和数量，即 $pt_{i,j,p}$ 依赖于分配资源 r 和数量 $u_{r,j,p,f}$，计算方式如公式（4-1）所示。

$$\widetilde{pt}_{i,j,p,f} = pt_{i,j,p} - a_r u_{r,j,p,f} \qquad (4-1)$$

式中，a_r 表示资源 r 对加工时间的压缩率，且 $u_{r,j,p,f} \in \left[1, U_{r,f}^{\max}\right]$。因此，$pt_{i,j,p,f}$ 和 $u_{r,j,p,f}$ 之间是反比关系，即 $\widetilde{pt}_{i,j,p,f}(u_{r,j,p,f}=1) > \widetilde{pt}_{i,j,p,f}(u_{r,j,p,f}=2) > \cdots > \widetilde{pt}_{i,j,p,f}(u_{r,j,p,f}=U_{r,f}^{\max})$。

加工单位时间能耗 $Ep_{i,j,p,f}$ 也与资源类型和数量有关，其计算方式为公式（4-2）。

$$Ep_{i,j,p,f} = \widetilde{pt}_{i,j,p} \times ER_{r,i,p} \times (u_{r,j,p,f})^2 \qquad （4-2）$$

式中，$ER_{r,i,p}$ 表示不同机器使用不同资源类型时的能耗率，$ER_{r,i,p} \in [1,5]$。$Ep_{i,j,p,f}$ 和 $u_{r,i,p,f}$ 成正比，即 $Ep_{i,j,p,f}(u_{r,j,p,f}=1) < Ep_{i,j,p,f}$ $(u_{r,j,p,f}=2) < \cdots < Ep_{i,j,p,f}(u_{r,j,p,f}=U_{r,f}^{\max})$。图 4-2 是 $pt_{i,j,p}$ 和 $Ep_{i,j,p,f}$ 随着 $u_{r,j,p,f}$ 增加的变化趋势。从中可以得出结论，即分配更多种类和数量的资源会缩短实际处理时间，但会增加加工时的能耗。

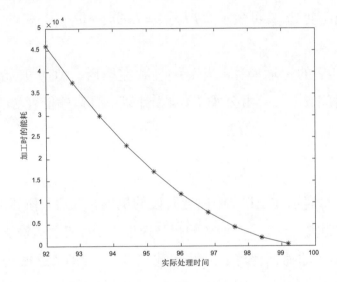

图 4-2　在 $U_{r,f}^{\max}=10$ 时 $pt_{i,j,p,f}$ 与 $Ep_{i,j,p,f}$ 的变化趋势（$pt_{i,j,p}=100, a_r=0.8, ER_{r,i,p}=5$）

机器可能在等待资源或运输时处于待机状态，待机能耗可根据公式（4-3）计算。式中，$Es_{i,p}$ 表示待机能耗，$Wt_{i,p,f}$ 表示机器的待机时间，$Ems_{i,p}$ 表示待机能耗率。

$$Es_{i,p} = Wt_{i,p,f} \times Ems_{i,p} \qquad （4-3）$$

4.2.3　阶段间的运输过程

阶段间的运输过程包含四个运输操作，分别为机械臂的装载操作、机械臂的卸载操作、AGV 的运输操作及 AGV 的返回操作。每个运输操作的详细描述如下。

（1）机械臂的装载操作：当工件完成加工且 AGV 到达后，机械臂开始将工件从机器装载到 AGV 上。装载时间 $lt_{i,p,f}$ 取决于机器的类型，装载能耗 $El_{i,p}$ 可表示为 $El_{i,p,f} = Elm_{i,p} \times lt_{i,p,f}$，其中，$Elm_{i,p}$ 表示装载能耗率。

（2）机械臂的卸载操作：当 AGV 到达后置阶段指定的机器时，机械臂开始将工件从 AGV 卸载到机器上。卸载时间 $ut_{i,p,f}$ 取决于机器的类型，卸载能耗 $Eu_{i,p,f}$ 可表示为 $Eu_{i,p,f} = Eum_{i,p} \times ut_{i,p,f}$，式中，$Eum_{i,p}$ 表示卸载能耗率。

（3）AGV 的运输操作：当工件装载完毕后，AGV 开始向机器运输。运输时间 $tt_{j,k,i_p,i'_{p+1},f}$ 由公式（4-4）计算，且运输能耗 $Et_{j,k,p,f}$ 可表示为 $Et_{j,k,p,f} = Ett_{vt} \times tt_{j,k,i_p,i'_{p+1},f}$。

$$tt_{j,k,i_p,i'_{p+1},f} = D_{i_p,i'_{p+1},f} / vtt \qquad (4-4)$$

式中，$D_{i_p,i'_{p+1},f}$ 表示在工厂 f 中前置阶段的机器 i_p 和后置阶段的机器 i'_{p+1} 之间的欧式距离，vt 表示 AGV 的行驶速度，Ett_{vt} 表示运输能耗率。

（4）AGV 的返回操作：工件卸载完成后，AGV 返回到前置阶段的机器，准备进行下一次运输。空载 AGV 的速度 vr 是 vt 的 2 倍，返回时间可表示为 $rt_{j,k,i_p,i'_{p+1},f} = D_{i_p,i'_{p+1},f} / vr$，返回能耗 $Er_{j,k,p,f}$ 可表示为 $Er_{j,k,p,f} = Ert_{vr} \times rt_{j,i_p,i'_{p+1},f}$，$Ert_{vt}$ 表示空载时返回的能耗率。

从对 AGV 运输和返回操作的描述可知，$rt_{j,k,i_p,i'_{p+1},f} = tt_{j,k,i_p,i'_{p+1},f} / 2$。因此，每个工厂中工件在阶段间运输的时间 $TAT_{j,p,f}$ 和运输阶段的能耗 $TAE_{j,p,f}$ 分别如公式（4-5）和公式（4-6）所示。

$$TAT_{j,k,p,f} = lt_{i,p,f} + tt_{j,k,i_p,i'_{p+1},f} + ut_{i',p+1,f} + rt_{j,k,i_p,i''_{p+b},f} \quad \forall f \qquad (4-5)$$

$$TAE_{j,k,p,f} = El_{i,p,f} + Et_{j,p,f} + Eu_{i,p,f} + Er_{j,p,f} \quad \forall f \qquad (4-6)$$

4.2.4　最大完工时间和总能耗的计算

DHFSP–RDDP 的优化目标是最小化最大完工时间 $C_{\max}$ 和总能耗 TEC，表示为公式（4–7）和公式（4–8）。

$$\text{Min}\ C_{\max} \tag{4–7}$$

$$\text{Min}\ TEC \tag{4–8}$$

式中，公式（4–9）表明 $C_{\max}$ 取决于最后一个阶段的最大完工时间的工厂。每个阶段工件的完成时间 $Ct_{j,p,f}$ 可通过公式（4–10）计算，其中，$St_{j,p,f}$ 表示工件 j 在工厂 f 的阶段 p 的开始加工时间。$St_{j,p,f}$ 由三个变量决定，即机器可用时间 $MAT_{i,p,f}$、资源可用时间 $RRT_{r,f}$ 和工件到达时间 $AT_{j,k,p,f}$，即公式（4–11）。

$$C_{\max} = \text{Max}(Ct_{j,P,f}) \tag{4–9}$$

$$Ct_{j,p,f} = St_{j,p,f} + \widetilde{pt}_{i,j,p,f} \tag{4–10}$$

$$St_{j,p,f} = \text{Max}(MAT_{i,p,f}, RRT_{r,f}, AT_{j,k,p,f}) \tag{4–11}$$

$AT_{j,k,p,f}$、$MAT_{i,p,f}$、$RRT_{r,f}$ 的计算如公式（4–12）～公式（4–14）所示。在公式（4–12）中，$A_{k,p,f}$ 表示 AGV 在每个工厂中的可用时间。在公式（4–13）中，工件 j' 表示工件 j 在阶段 p 同一机器上的前置工件。在公式（4–14）中，工件 j'' 与工件 j 使用相同类型的资源。

$$AT_{j,k,p,f} = \text{Max}(Ct_{j,p-1,f}, A_{k,p,f}) + TAT_{j,k,p-1,f} \tag{4–12}$$

$$MAT_{i,p,f} = Ct_{j',p,f} \tag{4–13}$$

$$RRT_{r,f} = \text{Max}(Ct_{j'',p,f}) \tag{4–14}$$

TEC 可用公式（4–15）表示，式中，EM［按公式（4–16）计算］和 EA［按公式（4–17）计算］分别代表机器和运输的总能耗。

$$TEC = EM + EA \tag{4–15}$$

$$EM = \sum_{f=1}^{F}\sum_{p=1}^{P}\sum_{i=1}^{m_p}\sum_{j=1}^{n} Ep_{i,j,p,f} + Es_{i,p,f} \qquad (4\text{--}16)$$

$$EA = \sum_{f=1}^{F}\sum_{p=1}^{P}\sum_{k=1}^{K}\sum_{j=1}^{n} TAE_{j,k,p} \qquad (4\text{--}17)$$

4.3 问题特性和资源重分配定理

本节提出了两种基于问题特性的定理来重新分配资源量，即减少资源量分配和增加资源量分配。为了详细阐述这两种规则的有效性，先提出四个引理作为后续推理基础。

4.3.1 针对问题特性的引理

引理 1：在 DHFSP–RDDP 中，有效减少关键工厂的资源短缺时间，就能有效降低关键工厂的最大完工时间，从而降低 $C_{\max}$。

关键工厂定义：在分布式生产环境中，$Ct_{j,P,f}$ 取决于最后阶段最后完成加工的工件。根据公式（4-9），$C_{\max}$ 可以推理为 $C_{\max} = \mathrm{Max}(Ct_{j,P,1}, Ct_{j',P,2}, \cdots, Ct_{j'',P,F})$，即 $C_{\max} = Ct_{j,P,cf}$，式中，$Ct_{j,P,cf}$ 是关键工厂 cf 的完工时间。显然，如果能减少 $Ct_{j,P,cf}$，就能有效减少 $C_{\max}$。

证明：假设关键工厂的资源仓库中只含有一种类型的资源 r_1，即 $r_1 = 1$，且 $U_{1,cf}^{\max} = 5$，$a_1 = 2$。分配了 4 个工件需要经过 2 个阶段的加工，且每个阶段有 2 台机器可供选择，阶段间仅有一台 AGV 进行运输任务。所有工件在任意一台机器上的标准加工时间 $pt_{i,j,p} = 20$。如果所有工件在每个阶段的加工都分配最大数量的资源 r_1，则理论上每个工件的实际加工时间 $pt_{i,j,p}$ 都将是最小的。但由于受到资源的限制，此时并不能使每个工件在同一时刻同时开工。资源短缺造成的延迟使车间的调度结果如图 4-3 所示，该结果含有 7 处资源短缺时间，导致 $C_{\max 1} = 80$。

显然，不合理的资源分配会造成大量的资源短缺时间，进而增加工厂的最大完工时间。

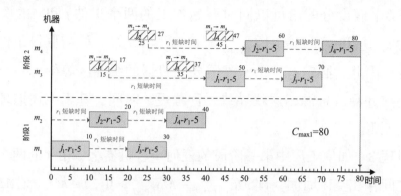

图 4-3 资源不合理分配的调度甘特图

因此，为了让同一阶段有尽可能多的机器同时开工，需要合理地分配资源 r_1。以资源短缺时间区间 [60,70] 为例，如果 $u_{1,4,2,f}=1$，$u_{1,3,2,f}=4$，则 j_3 和 j_4 能够在 60 时刻同时开工，记减少的资源短缺时间 $\Delta_{rst}=10$。重配置资源后 j_3 和 j_4 的实际加工时间分别延长了 $\Delta pt_{3,3,2,f}=2$，$\Delta pt_{4,4,2,f}=8$。此时，$\Delta pt_{3,3,2,f} < pt_{4,4,2,f} - \Delta_{rst}$ 且 $\Delta pt_{4,4,2,f} < \Delta_{rst}$，则资源短缺时间被有效减少为 $\Delta_t = \Delta_{rst} - \Delta pt_{4,4,2,f} = 2$。因此，$Ct'_{4,2,1} = Ct_{4,2,1} - \Delta_t$，进而 $C'_{max1} = C_{max1} - \Delta_t < C_{max1}$。此外，图 4-4 是资源合理分配后的调度甘特图，该调度结果仅包含 2 处资源短缺时间，且 $C_{max2} = 60 < 80 = C_{max1}$。基于上述推理，引理 1 被证明。

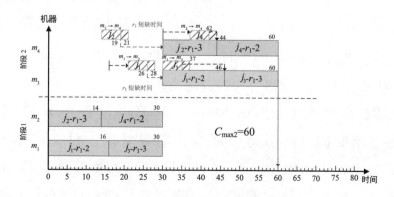

图 4-4 资源合理分配的调度甘特图

引理 2：在 DHFSP-RDDP 的任意工厂中，如果同一时刻分配给工件加工的资源量超过该工厂最大存资源储量限制，就会出现资源短缺时间。

证明：假设分配给可以同时开始加工的两个工件 j 和 j' 的资源量分别为 $u_{r,j,p,f}$ 和 $u_{r,j',p,f}$，且 $u_{r,j,p,f} + u_{r,j',p,f} > U_{r,f}^{\max}$，则与假设条件（9）相冲突。因此，必定有一个工件需要在机器的缓冲区等待另一个工件加工完成并释放资源，这就导致了资源短缺时间。基于上述推理，引理 2 被证明。

引理 3：如果工厂中第一阶段的任何一台机器上，相邻的两个工件加工之间存在空闲时间，即 $MC_{i,pr+1,f} - MS_{i,pr,f} > 0$，$i \in M_1$（记 $MC_{i,pr,f}$ 为机器 i 加工位置 pr 工件的结束时间，$MS_{i,pr,f}$ 为机器 i 加工位置 pr 工件的开始时间），那么该空闲时间就是资源短缺时间。

证明：在无约束的 DHFSP 中，第一阶段的任何机器不存在空闲时间。但是，在 DHFSP-RDDP 中，由于每种类型资源总量是有限的，因此在任何时刻分配给可以同时开工的工件的资源量不能超过 $U_{r,f}^{\max}$。如果超过了 $U_{r,f}^{\max}$，则引理 2 成立，并产生资源短缺时间。以图 4-3 为例，在 m_1 上加工的两个相邻工件（j_1 和 j_3）之间存在一个空闲时间段 [10,20]，原因是资源量 r_1 不足以在时刻 10 同时开始处理 j_2 和 j_3，且将所需资源优先分配给 j_2 进行加工，造成了 j_3 在 m_1 的缓冲区等待资源的情况。基于上述推理，引理 3 被证明。

引理 4：如果任意工厂中在非第一阶段的任何机器上存在 $MC_{i,pr+1,f} - MS_{i,pr,f} > 0 (i \in M_p, p > 1)$，且运输工件的到达时间不等于工件在机器上的开工时间，即 $AT_{j,k,p,f} < MS_{i,pr,f} = Ct_{j,p,f} - pt_{i,j,p,f}$，则空闲时间时段 $[AT_{j,k,p,f}, MS_{i,pr,f}]$ 为资源短缺时间。

证明：在无约束的 DHFSP 中，非第一阶段的任意机器如果存在空闲时间，原因是机器等待前置阶段工件完成加工。然而，在 DHFSP-RDDP 中，存在空闲时间的原因是等待资源和等待运输。如果工件运输至下一阶段后，即排除等待运输时间后，工件并没有立即开始加工而是在机器上等待，则此等待时间为资源短缺时间。假设因等待资源而产生的空闲时间为 Δ_{rst}，则

$$St_{j,p,f} = AT_{j,k,p,f} + \Delta_{rst} > \max(Ct_{j,p-1,f}, A_{k,p-1,f}) + lt_{i',p-1,f} + tt_{j,k,i',i,f} + ut_{i,p,f} + \widetilde{pt}_{i,j,p}$$

，且 $MS_{i,pr,p,f} - MC_{i,pr-1,p,f} \geq \Delta_{res} > 0$。所以，当 $MC_{i,pr+1,f} - MS_{i,pr,f} > 0$ 且 $AT_{j,k,p,f} < MS_{i,pr,f}$ 时，空闲时间段 $[AT_{j,k,p,f}, MS_{i,pr,f}]$ 为资源短缺时间。以图 4-4 中空闲时间段 [19,30] 为例，$AT_{2,1,2,f} = 19 < MS_{4,1,f} = 30$，则造成机器空闲的原因是工件 j_2 在阶段 2 加工所需资源 r_1 不足导致的。此时的资源短缺时间为 $MS_{4,1,f} - AT_{2,1,2,f} = 11$。基于上述推理，引理 4 被证明。

4.3.2 资源重分配规则

基于引理 1 ～ 4，两种资源重新分配规则被提出，旨在减少资源短缺时间。为了详细阐述两种规则的有效性，以引理 1 中例子的数据作为基础，重新进行资源配置产生新例子，其调度结果如图 4-5 所示。其中，包含 3 处资源短缺时间，每个矩形代表工件的实际加工时间，矩形里面的文字表示"工件索引 - 资源类型 - 资源量"，且该车间最大完工时间为 $C_{\max 3} = 72$。

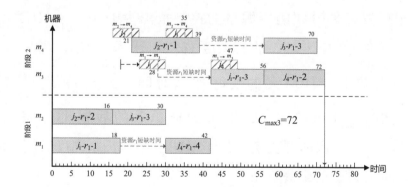

图 4-5 一个关于 DHFSP–RDDP 调度的例子

要想降低总能耗，应减少资源量分配，如果减少的是关键路径上的资源分配，还可以降低工厂的最大完工时间。基于上述目的，提出了减少资源量分配的定理 1，其具体描述和证明如下。

定理 1：减少资源量分配。首先，根据引理 3 和 4 确定工厂中的资源短缺时间段，记为 $[\text{RSST}_{r,p,i,f}, \text{RSET}_{r,p,i,f}]$。其次，对于同一台机器上出现资源短缺时间的两个相邻工件，减少后置工件分配的资源量可以有效降低资源短缺时间。当减少后置工件分配的资源量时，需要同时满足 3 个条件：① 后置工件分配的资源量应大于最小资源配置量，即 $u_{r,j,p,f} > 1$；② 后置工件分配的资源量应控制在 $1 \leqslant u_{r,j,p,f} \leqslant U_{r,f}^{\max} - U_{r,f}$，其中定义延长的时间区间 $[\text{RSST}_{r,p,i,f}, \text{RSET}_{r,p,i,f}]$ 内使用资源 r 的数量为 $U_{r,f}$；③ 增大的实际加工时间 $\Delta \widetilde{pt} = a_r \Delta u_{r,j,p,f}$ 需满足 $\Delta \widetilde{pt} \leqslant \text{RSET}_{r,p,i,f} - \text{RSST}_{r,p,i,f}$。

证明：对于条件 ①，如果后置工件分配的资源量为最小资源配置量，即 $u_{r,j,p,f} = 1$。此时，若进一步对后置工件降低资源分配，得到 $u_{r,j,p,f} = 0$，其与问题描述中的 $u_{r,j,p,f}$ 定义相违背。因此条件 ① 是定理 1 的必要条件。对于条件 ②，后置工件减少的资源量应确保其在 $[\text{RSST}_{r,p,i,f}, \text{RSET}_{r,p,i,f}]$ 内开始加工，即当 $\text{RSST}_{r,p,i,f} \leqslant St_{j,p,f} \leqslant \text{RSET}_{r,p,i,f}$ 时，保证减少资源配置后，后置工件能够提前开工。定义 $[\text{RSST}_{r,p,i,f}, \text{RSET}_{r,p,i,f}]$ 内使用资源 r 的数量为 $U_{r,f}$，则对于后置工件分配的资源量的控制范围为 $1 \leqslant u_{r,j,p,f} \leqslant U_{r,f}^{\max} - U_{r,f}$。因此，条件 ② 是定理 1 的必要条件。对于条件 ③，当后置工件减少资源量时，其增大的实际加工时间 $\Delta \widetilde{pt} = a_r \Delta u_{r,j,p,f}$ 需满足 $\Delta \widetilde{pt} \leqslant \text{RSET}_{r,p,i,f} - \text{RSST}_{r,p,i,f}$，即减少资源后的后置工件完工时间 $Ct'_{j,p,f} < Ct_{j,p,f}$，保证延长实际加工时间不会延长原调度时间。因此，条件 ③ 是定理 1 的必要条件。

针对上述证明，给出如下例子进一步阐述。对图 4-5 所示的情况，利用减少资源量分配规则，可以获得两种不同的调度结果，即降低关键路径上的资源短缺时间和降低非关键路径上的资源短缺时间，分别如图 4-6 和图 4-7 所示。在图 4-6 中，通过减少工件 j_4 在 m_1 上

分配的 r_1 资源量（从 4 减少到 1），来减少资源短缺时间段 [18,30]。更具体来说，m_1 上的 j_4-r_1-4 满足 $u_{1,4,1,f}$ =4 >1，且在 [$RSST_{1,1,1,f}$ =18,$RSET_{1,1,1,f}$ =30] 时间内，资源 r_1 的使用量 $U_{1,f}$ =4< $U_{1,f}^{max}$ =5。因此，在 m_1 上加工 j_4 时分配的 r_1 资源量为 $u_{1,4,1,f}$ =1 时，才能满足提前开工的条件，达到减少资源短缺时间的目的。当分配资源量降低后，$\Delta \widetilde{pt} = a_1 \Delta u_{1,4,2,f} = 6 < 30\text{--}18=12$，则 $Ct'_{4,1,f} = 36 < Ct_{4,1,f} = 42$，资源 r_1 的短缺时间被有效降低，进而导致部分受 r_1 影响的工件能够提前开工，从而降低 C_{max}（$C_{max\,4} = 60 < 72 = C_{max\,3}$）。

在图 4-7 中，同理对资源 r_1 短缺时间段 [$RSST_{1,2,4,f}$ =39,$RSET_{1,2,4,f}$ =56] 进行定理 1 中的操作，减少 $u_{1,3,2,f}$ 的资源量（从 3 减少到 1）。虽然，C_{max} 不变（$C'_{max\,4} = 72 = C_{max\,3}$），但由于加工能耗与资源的分配量呈现正相关，减少的资源量降低了加工能耗。

基于上述分析，减少资源量分配规则的有效性得到了验证。

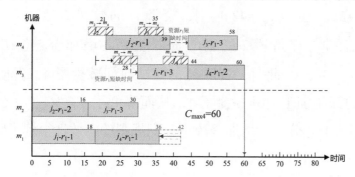

图 4-6　减少关键路径上工件资源分配量的调度甘特图

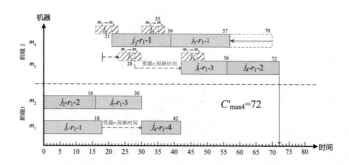

图 4-7　减少非关键路径上工件资源分配量的调度甘特图

为降低工厂的最大完工时间，应尽可能地增大资源的分配量，提高工件的加工速度。基于上述目的，这里提出了增大资源量分配的定理2，具体描述和证明如下。

定理2：首先，根据引理3～4确定工厂中的资源短缺时间，记为$[RSST_{r,p,i,f}, RSET_{r,p,i,f}]$。其次，如果存在工件$j$在阶段$p$的加工时间满足$RSST_{r,p,i,f} \leqslant St_{j,p,f}$，则可增加工件$j$在阶段$p$的资源分配量$u_{r,j,p,f}$，直至达到$St_{j,p,f}$时刻所剩资源$r$的最大量$U_{r,f}^{max} - U_{r,f} + u_{r,j,p,f}$。请注意，需要保证分配的资源量不能使加工时间变为负数，即$Ct_{j,p,f} - a_r \Delta u_{r,j,p,f} > St_{j,p,f}$。此规则使资源占有的时间减少，从而达到减少资源短缺时间的目的。

证明：对图4-5使用增加资源量分配规则后，可以获得如图4-8所示的调度结果，在资源短缺时间段$[RSST_{1,2,4,f} = 39, RSET_{1,2,4,f}] = 56$中，存在工件$j_1$在阶段2的机器$m_3$上的开始加工时间为$St_{1,2,f} = 42 > RSST_{1,2,4,f} = 39$。在$St_{1,2,f} = 42$时刻，资源$r_1$的数量$U_{r,f}^{max} - U_{r,f} = 2$，因此可以将工件$j_1$在阶段2配置的资源量从3增加至5（$U_{1,f}^{max} - U_{1,f} + u_{1,1,2,f} = 5 - 3 + 3 = 5$）。此时，资源$r_1$的短缺时间减少了4，促使后续工件$j_4$和$j_3$的开始加工时间提前了4，从而降低了$C_{max}$（$C_{max5} = 68 < 72 = C_{max3}$）。基于上述分析，增加资源量分配规则的有效性得到了验证。

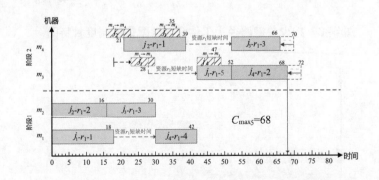

图4-8 增加工件资源分配量的调度甘特图

4.4 MDCEA 求解 DHFSP-RDDP

图 4–9 是 MDCEA 的框架图，其主要由 3 个模块组成，分别为种群初始化模块、自适应的变维度协作全局搜索模块（adaptive variable dimension cooperative search，AVDCS）、基于 Q 学习的维度勘探局部搜索模块（Q–learning based dimension detection search，Q–DDS）。其中，AVDCS 和 Q-DDS 以分布式方式执行来提高搜索过程的效率。

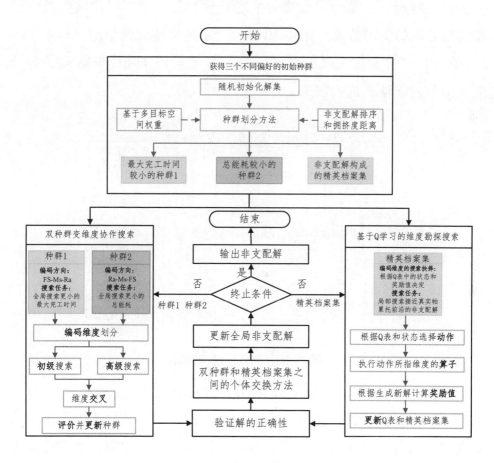

图 4–9 MDCEA 的框架图

4.4.1 编码和解码

解的编码方式应涉及 DHFSP-RDDP 中需要处理的 5 个子问题：

①工件的工厂分配；②工件调度顺序；③机器选择；④资源类型分配；⑤资源数量的分配。因此，设计了三维编码方式对 DHFSP–RDDP 问题进行编码。

对于子问题①～③，沿用第 3 章编码设计中的工厂调度序列（记为 FS）和机器选择序列（记为 Ms）的向量表示方法，分别作为第一和第二维度；对于子问题④～⑤，则采用双层编码机制（记为 Ra），作为第三维度，即第一层代表分配的资源类型，第二层代表为对应资源类型分配的资源数量。图 4–10 是一个解的完整编码结构，其中工厂 f_1 中分配的工件及加工顺序为 $\{j_6, j_3, j_1\}$，j_1 在阶段 1 选择机器 m_2，并分配 3 个单位资源 r_1 进行加工。

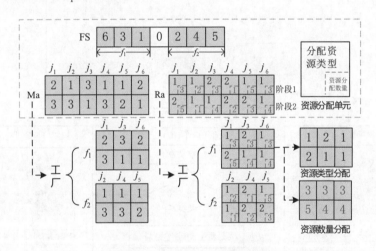

图 4–10　编码结构示例图

解码需要处理如下问题：①非第一阶段的工件加工顺序；② AGV 的运输管理；③资源的调度管理。因此，设计了一种按优先级排序的双层解码过程，其中解码的第一层主要计算无资源冲突时的工件调度时间，第二层计算工件发生资源冲突时的调度时间。在 AGV 运输管理方面，按照工件在每个阶段的完工时间 $Ct_{j,P,f}$ 进行升序排序。第一阶段的工件加工顺序按照编码 FS 执行，其余阶段按照 $AT_{j,k,p,f}$ 对未提前加工的工件进行升序排序。算法 4–1 是解码的具体执行过程。

算法 4-1　双层解码

输入： 三维编码向量

输出： 最大完工时间和总能耗

1. **For** f index $\leftarrow 1$ to F

2. Seq $\_sch \leftarrow$ 根据 FS 取出工厂 f 中需要加工的工件序列

3. **For** s index $\leftarrow 1$ to P

4. 　　**If** s index $\neq 1$

5. 　　　Seq $\_sch \leftarrow$ 将未提前加工的工件 $sch_i^{Un} = \{u\pi_1, u\pi_2, \cdots, u\pi_n\}$ 升序排序 $AT_{j,k,p}$

6. **End If**

7. 　　**For** j index $\leftarrow 1$ to length$($ Seq $\_sch)$

8. 　　　$\pi_{(a)} \leftarrow$ Seq $\_sch (j\_index)$

9. 　　　$M \leftarrow$ 从 $Ma_{n \times P}$ 中确定工件 $\pi_{(a)}$ 在阶段 s_index 的加工机器

10. 　　　$R \leftarrow$ 从 $Ra_{n \times P}$ 中确定工件 $\pi_{(a)}$ 在阶段 s_index 使用的资源

11. 　　　工件 $\pi_{(a)}$ 的开始时间 $St_{\pi_{(a)}, s\_index} \leftarrow$ 公式（4-11）

12. 　　　**If** 存在另一个工件 $\pi_{(b)}$ 满足 $AT_{\pi_{(b)}, k, p} < St_{\pi_{(b)}, s\_index}$（$p \in \{s\_index + 1, \cdots, P\}$）& 工件 $\pi_{(b)}$ 与工件 $\pi_{(a)}$ 所需的资源无法满足同时开工的条件

13. 　　　　$\pi_{(b)}$ 先分配对应的资源并优先开始加工

14. 　　　　通过公式（4-10）～公式（4-13）计算 $Ct_{\pi_{(b)}, p}$ 和 $At_{\pi_{(b)}, k, p}$

15. 　　　　更新 $MAT(i_{\pi_{(b)}, p}, p)$、$RRT(\mu_{\pi_{(b)}, p})$、$AT(\pi_{(b)}, k, p)$ 及 $A_{k(\pi_{(j)}), p}$

16. 　　　　返回步骤 12

17. 　　　**Else if** $k = P$ || 没有工件 $\pi_{(b)}$ 满足 $AT_{\pi_{(b)}, k, p} < NST_{\pi_{(b)}, s\_index}$

18. 　　　　跳转至步骤 22

19.   **Else if** 存在 $AT_{\pi_{(b)},p} < NST_{u\pi_{(a)},s\_index}$ & 资源可以满足两个工件同时开始加工

20.   跳转至步骤 22

21.   **End If**

22.   重新计算 $St_{\pi_{(a)},s\_index}$ ←公式（4–11）

23.   通过公式（4–10）～公式（4–13）计算 $Ct_{\pi_{(a)},s\_index}$ 和 $At_{\pi_{(a)},k,s\_index}$

24.   更新 $MAT(M,s\_index)$ 和 $RRT(R)$

25.   **If** s index $\neq P$

26.   确定运输资源 A_index ← AAT 中最小值的索引

27. $i_{\pi_{(a)},s\_index+1}$ ←从 $\mathrm{Ma}_{n\times P}$ 中确定工件 $\pi_{(a)}$ 在阶段 $s\_index+1$ 的加工机器

28. $AT_{\pi_{(a)},A\_index,s\_index} \leftarrow AAT(A\_index) + tt_{i_{s\_index-1},i_{s\_index}} + lt_{i_{s\_index-1}}, + ut_{i_{s\_index}}$

29. $AAT（A\_index） \leftarrow AT_{\pi_{(a)},A\_index,s\_index} + rt_{i_{s\_index},i_{s\_index+1}}$

30.   **End If**

31.   **End For**

32.   **End For**

33. **End For**

34. 通过公式（4–9）计算最大完工时间

35. 通过公式（4–15）～公式（4–17）计算总能耗

4.4.2 种群初始化

在 MDCEA 中，双种群和由非支配解构成的精英档案集具有不同的搜索任务（图4-9）。为确保双种群的质量和离散性，采用了基于多目标空间权重方法初始化双种群（分别记为 Pop$_1$ 和 Pop$_2$），同时采用

了非支配解排序方法初始化精英档案集（记为 NSAR）。具体操作如下。

（1）随机生成 $2 \times N_p$ 个初始解组成初始解集 $SS = \left\{ s_q \mid q = 1, 2, \cdots, 2 \times N_p \right\}$。按照非支配解排序方法，选择所有第一层的非支配解加入 NSAR 中，并将选定的 N_{NSAR} 个非支配解从 SS 中移除。

（2）根据公式（4-18）将剩余的 $SS - N_{\mathrm{NSAR}}$ 个解归一化到目标值空间中，并生成 N_p 个均匀权重向量 $W = \left\{ w_j \mid j = 1, 2, \cdots, 2 \times N_p \right\}$，用来从剩余的 $SS - N_{\mathrm{NSAR}}$ 个解中选择 N_p 个解构成 Pop_1 和 Pop_2。

$$f_{\mathrm{obj}}^{\mathrm{new}}(s_q) = \frac{f_{\mathrm{obj}}(s_q) - \min(f_{\mathrm{obj}}(s_q))}{\max(f_{\mathrm{obj}}(s_q)) - \min(f_{\mathrm{obj}}(s_q))} \tag{4-18}$$

式中，obj 是不同目标值的索引，$f_{\mathrm{obj}}(\cdot)$ 代表解的目标值，$f_{\mathrm{obj}}^{\mathrm{new}}(s_q)$ 表示解 s_q 的 obj 目标值归一化到 $[0,1]$ 的结果。

（3）在 $SS = \left\{ s_q \mid q = 1, 2, \cdots, 2 \times N_p - N_{\mathrm{NSAR}} \right\}$ 中，每个解的归一化目标值乘以每个均匀权重向量 w_j，得到基于权重的目标值

$$V_{q,j} = \left\{ \sum_{\mathrm{obj}=1}^{2} f_{\mathrm{obj}}^{\mathrm{new}}(s_q) w_j(\mathrm{obj}) \mid j = 1, \cdots, N_p, q = 1, \cdots, 2 \times N_p - N_{\mathrm{NSAR}} \right\}$$

（4）$V_{q,j}$ 可以表示解 s_q 对于不同目标值的侧重。因此，从初始解集 $SS = \left\{ s_q \mid q = 1, 2, \cdots, 2 \times N_p - N_{\mathrm{NSAR}} \right\}$ 中选择 $V_{q,j_1}(j_1 = N_p / 2, N_p / 2 + 1, \cdots, N_p)$ 较小的解加入 Pop_1 中，再选择 $V_{q,j_2}(j_2 = 1, 2, \cdots, N_p / 2)$ 较小的解加入 Pop_2 中。期间，每当有解被选中加入种群时，需要从初始解集 SS 中删除该解。

4.4.3　交叉、突变算子和修正策略

全局搜索过程中主要使用了三种交叉算子，即基于学习因子的交叉算子（knowledge factor based crossover，KFC）、多点映射交叉算子（multi-point mapping crossover，MMC）及基于窗口匹配的交叉算子（window-matched crossover，WMC）。其中，MMC 沿用第 3 章中的方

式对 FS 维度的向量进行操作，其余交叉算子的描述如下。

（1）KFC：KFC 用于 FS、Ma 和 Ra 维度的向量处理。父代中每个位置上的元素都会基于学习率 K_f 进行交换。如果父代每个位置随机生成的概率大于 K_f，则元素将被交换。

为了确保在 FS 维度上 KFC 应用的正确性，当工件元素因随机概率继承了父代 1 的位置后，其余位置上的工件元素将按父代 2 的顺序依次插入空缺位置。图 4–11（a）展示了对 FS 应用 KFC 的示例。

（2）WMC：WMC 用于 Ma 和 Ra 维度的向量处理。先在父代 1 中的随机位置生成一个随机大小的窗口 $win_{n,p}$，再将 $win_{n,p}$ 中的元素与父代 2 中相同窗口位置的元素进行交换。图 4–11（b）显示了对 Ma 应用 WMC 的示例。为了扩大搜索范围，当对 Ra 维度的向量使用 WMC 时，会采取两次 WMC 结果组合的方式：先对外层的资源类型分配进行 WMC，再对内层的资源分配量进行 WMC，最后将结果重新组合成新的 Ra 维度的向量。图 4–11（c）显示了对 Ra 应用 WMC 的示例。

局部搜索模块中使用了四种突变算子，即交换突变（swap mutation，SM）、插入突变（insert mutation，IM）、反转突变（inversion mutation，IVM）及随机突变（random mutation，RM）。突变算子的详细说明如下。

（1）SM：随机选择两个位置上的元素进行交换。

（2）IM：随机选择一个元素并将其插入另一个位置。

（3）IVM：随机选择 α 个连续元素作为块 Bk，并将 Bk 中的元素位置反转。

（4）RM：对于 Ma 和 Ra 维度向量中的每一列，随机选择一个元素并在约束条件下重新初始化。至于 FS，则选择 α 个连续元素，并在所选区域内重新分配每个元素的位置。图 4–11（d）显示了对 FS 应用 RM 的示例。

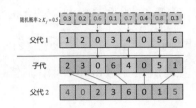

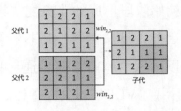

（a）对 FS 应用 KFC 的示例　　　　（b）对 Ma 应用 WMC 的示例

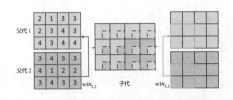

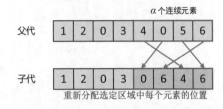

（c）对 Ra 应用 WMC 的示例　　　　（d）对 FS 应用 RM 的示例

图 4-11　交叉和突变算子示例

由于交叉和变异算子在生成子代时会出现不正确的个体编码形式，如没有工件加工的工厂或分配超过最大存储量的资源数量。因此，需要对这两种情况的 FS 和 Ra 维度的编码向量进行修正。修正的策略如下。

（1）当 FS 维度的编码向量中出现没有工件加工的工厂时（即 0 元素出现在两端或相邻的情况下），先按照工厂工件总数从高到低排序，再从工件最多的工厂中选择 $\sum_{p=1}^{p} \widetilde{pt}_{i,j,p}$ 最大的工件，并将其随机插入空工厂中。

（2）当 Ra 维度的编码向量中出现分配超过最大存储量的资源数量时，保持资源类型 r 不变，将资源 r 的分配数量修正为 $U_{r,f}^{\max}$。

4.4.4　自适应的变维度协作搜索

AVDCS 对每个编码维度执行两个搜索阶段：初级搜索阶段和高级搜索阶段。初级搜索阶段的主要任务是优化不同种群所侧重的目标值，促使双种群之间的个体相互学习；高级搜索阶段则更关注个体的非支配性，处于该阶段的个体应更多地从非支配个体中获取信息。鉴于在算法的初始阶段形成的非支配解集，往往并非最终可能性较小的 Pareto 前沿。因此，算法的早期应执行更多的初级搜索，后期逐渐转向高级搜索，以确保个体能够逐步逼近甚至达到最终的 Pareto 前沿。图 4-12 直观展示了 AVDCS 的执行过程。

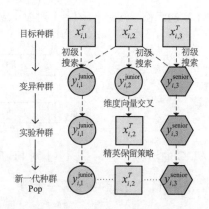

图 4-12 AVDCS 的执行过程

（1）确定每个种群中个体的三维编码顺序，即 Pop_1 中的个体编码维度顺序为 FS-Ma-Ra，Pop_1 中的个体编码维度顺序为 Ra-Ma-FS。然后，将总维度 Dim_T 分成初级（Dim_J）和高级（Dim_S）搜索维度，分别由公式（4-19）～公式（4-20）计算。

$$Dim_J = Dim_T \times ((et_{max} - et) / et_{max})K \qquad (4-19)$$

$$Dim_S = Dim_T - Dim_J \qquad (4-20)$$

式中，et_{max} 和 et 分别表示最大进化次数和当前进化次数。实数 K 表示维度学习率（$K > 0$）。图 4-13 展示了高级搜索维度和初级搜索维度的变化过程。

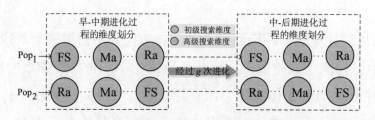

图 4-13 进化过程中的双种群搜索维度

（2）初级搜索阶段。首先，根据搜索侧重目标值对子种群 $X^T = \left\{ x_{i,d}^T \mid i=1,2,\cdots,N; d=1,\cdots,\mathrm{Dim} \right\}$ 中的个体进行升序排序（记排序后的个体序列为 $\mathrm{seq}^{\mathrm{Pop}} = \left\{ x_{i,d}^{\mathrm{Pop}} \mid i=1,2,\cdots,N_p; d=1,2,\cdots,\mathrm{Dim}_J \right\}$）。然后，当对个体 $x_{i,d}^{\mathrm{Pop}}$ 执行初级搜索时，从 $\mathrm{seq}^{\mathrm{Pop}}$ 中选择与 $x_{i,d}^{\mathrm{Pop}}$ 相邻的两个个体，即前置个体 $x_{i-1,d}^{\mathrm{Pop}}$ 和后置个体 $x_{i+1,d}^{\mathrm{Pop}}$。因此，$x_{i,d}^{\mathrm{Pop}}$ 就能从两个相邻个体中学习有利信息。为了扩大搜索范围，$x_{i,d}^{\mathrm{Pop}}$ 需要利用另一个子种群 Pop' 的信息。在另一个种群中选择一个相同位置的个体 $x_{i,d}^{\mathrm{Pop}'}$ 和一个随机个体 $x_{ir,d}^{\mathrm{Pop}'}$ 来交互信息。为了让 $x_{i,d}^{\mathrm{Pop}}$ 高效地从所选择的四个个体中学习信息，通过公式（4–21）生成初级子突变体的种群 $Y^J = \left\{ y_{i,d}^{\mathrm{junior}} \mid i=1,2,\cdots,N_p; d=1,\cdots,\mathrm{Dim}_J \right\}$。

$$y_{i,d}^{\mathrm{junior}} = x_{i,d}^{\mathrm{Pop}} \oplus^d K_f \otimes \left[(x_{i-1,d}^{\mathrm{Pop}} \ominus^d x_{i+1,d}^{\mathrm{Pop}}) \oplus^d (x_{i,d}^{\mathrm{Pop}} \ominus^d x_{ir,d}^{\mathrm{Pop}'}) \right] \quad （4\text{–}21）$$

式中，$K_f \in (0,1)$ 表示知识因子，$\oplus$ 表示 K_f 控制 KFC 中不同位置元素的选择概率。

（3）高级搜索阶段。首先，对子群体 X^T 中的个体进行非支配解和拥挤度距离排序，得到 $n\mathrm{seq}^{\mathrm{Pop}} = \left\{ x_{i,d}^{\mathrm{Pop}} \mid i=1,2,\cdots,N_p; d=1,2,\cdots,\mathrm{Dim}_J \right\}$。然后，将 $n\mathrm{seq}^{\mathrm{Pop}}$ 分成三层，即 $n\mathrm{seq}^{\mathrm{Pop}}$ 中前 10% 的个体构成最佳层 BL，后 10% 的个体构成最差层 WL，剩下的个体构成中间层 ML。当对个体 $x_{i,d}^{\mathrm{Pop}}$ 执行高级搜索时，从 BL、WL 和 ML 中分别随机选择一个个体，记为 $x_{r,d}^{L_{BL}^{\mathrm{Pop}}}$、$x_{r,d}^{L_{WL}^{\mathrm{Pop}}}$ 和 $x_{r,d}^{L_{ML}^{\mathrm{Pop}}}$。为避免全局搜索过早陷入局部最优，需从另一个子种群中随机选择一个具有相同前沿层的个体 $x_{r,d}^{\mathrm{Pop}'}$。为了让 $x_{i,d}^{\mathrm{Pop}}$ 从选定的个体中学习 Pareto 前沿信息，在高级阶段通过公式（4–22）生成高级子突变体的种群 $Y^S = \left\{ y_{i,d}^{\mathrm{senior}} \mid i=1,2,\cdots,N; d=1,\cdots,\mathrm{Dim}_S \right\}$。

$$y_{i,d}^{\mathrm{senior}} = K_f \otimes \left[(x_{r,d}^{L_{BL}^{\mathrm{Pop}}} \ominus x_{r,d}^{L_{WL}^{\mathrm{Pop}}}) \oplus \lambda (x_{r,d}^{L_{ML}^{\mathrm{Pop}}} \ominus x_{r,d}^{\mathrm{Pop}'}) \right] \oplus x_{i,d}^{\mathrm{Pop}} \quad （4\text{–}22）$$

式中，λ 用于控制 $x_{r,d}^{L_{ML}^{\mathrm{Pop}}} \ominus x_{r,d}^{\mathrm{Pop}'}$ 的操作顺序。当 $f(x_{r,d}^{L_{ML}^{\mathrm{Pop}}}) < f(x_{r,d}^{\mathrm{Pop}'})$ 时，运算顺序变为 $x_{r,d}^{\mathrm{Pop}'} \ominus x_{r,d}^{L_{ML}^{\mathrm{Pop}}}$。

操作符号 $\ominus^d$、$\oplus^d$ 定义如下（以 $X \ominus^d Y$ 和 $X \oplus^d Y$ 为例，X 被定义

为父代 1，Y 被定义为父代 2）。

1）$X \ominus^d Y$：$\ominus^d$ 表示使用 KFC 交叉算子生成子代的 d 维度的向量。

2）$X \oplus^d Y$：$\oplus^d$ 表示使用 MMC 生成子代的 FS 维度的向量，或使用 WMC 交叉算子生成子代的 Ma 或 Ra 维度的向量。

（4）由初级搜索产生的 Y^J 和高级搜索产生的 Y^S 共生成子代 $Y^{MT} = \left\{ y_{i,d}^{MT} = (y_{i,d}^{\text{junior}}, y_{i,d}^{\text{senior}}) \mid i = 1, 2, \cdots, N; d = 1, \cdots, \text{Dim} \right\}$。接 下 来，通 过 交 叉 Y^{MT} 和 X^T 不 同 维 度 的 向 量 生 成 试 验 种 群 $Z^T = \left\{ z_{i,d}^T \mid i = 1, 2, \cdots, N; d = 1, \cdots, \text{Dim} \right\}$。交叉维度向量的方式如公式（4-23）所示，式中，K_r 为知识率（$K_r \in (0,1)$）。

$$z_{i,d}^T = \begin{cases} y_{i,d}^{MT} & if \quad \text{rand} \leq K_r \\ x_{i,d}^T & \text{其他} \end{cases} \qquad (4\text{-}23)$$

（5）利用精英保留策略生成新种群。首先，对于父代子种群 X^T 和其生成的子代 Z^T 合并成种群 R^T。然后，根据 Pareto 等级从低到高的顺序，将整层种群放入新生成的种群 NX^T 中，直到某一层个体不能全部放入。根据种群所侧重的目标值从小到大排序，依次放入 NX^T 中，直到 NX^T 与 X^T 包含相同数量的个体，并令 $X^T = NX^T$。

4.4.5　基于 Q 学习的维度勘探搜索

对 NSAR 中每个个体执行 Q-DDS，如图 4-14 所示。为了增加 NSAR 的多样性，将 AVDCS 中生成的非支配解添加到 NSAR 中。

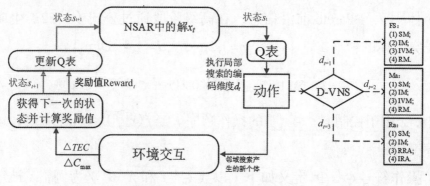

图 4-14　Q-DDS 的执行过程

由图 4-14 可知，个体 x_t 根据当前状态 s_t 从 Q 表选择最有优化潜力的维度 d_t，并根据 d_t 按条件执行四种邻域搜索策略：当 d_t=1 时，对 FS 维度的向量设计四个邻域 $Op_{d,4}$ ={SM,IM,IVM,RM}；当 d_t=2 时，对 Ma 维度的向量设计四个邻域 $Op_{d,4}$ ={SM,IM,IVM,RM}；当 d_t=3 时，对 Ra 维（1）度的向量设计四个邻域 $Op_{d,4}$ ={SM,IM,RRA,IRA}。其中，RRA 和 IRA 的描述如下。

（1）RRA: 减少关键工厂中的资源分配数量。将 TEC 最大的工厂定义为关键工厂 f_{key}^{TEC}，如果 f_{key}^{TEC} 中存在符合减少资源量分配定理的工序 $O_{j,p}$，则减少分配给工序 $O_{j,p}$ 资源 r 的数量，直至达到使工序 $O_{j,p}$ 能够提前开始加工时刻所需的最大减少量。

（2）IRA: 增加关键工厂中的资源分配数量。将 $C_{\max}$ 最大的工厂定义为关键工厂 f_{key}^{C}，如果 f_{key}^{C} 中存在符合增加资源量分配定理的工序 $O_{j,p}$，则增加分配给工序 $O_{j,p}$ 资源 r 的数量，直至达到当前时刻所剩资源 r 的最大可分配量，使 $O_{j,p}$ 能够提前完成加工。

由于不同邻域结构的最优解不一定相互通用，并且全局最优解往往隐藏在所有可能邻域的局部最优解之中。因此，为了提高局部搜索的效率，此处采用基于维度的变邻域搜索（dimension-based variable neighborhood search，D-VNS）方法，对选择的维度进行四个邻域下的局部搜索，其算法框架如算法 4-2 所示。

算法 4-2　基于维度的变邻域搜索框架 D-VNS

输入：解 x_t，根据 Q 表选择的最具搜索潜力的维度 d_t

输出：非支配解集 x_{LS}

$k_{\max} \leftarrow 4$，$k \leftarrow 1$

1.　　$x_{LS} \leftarrow x_t$

2.　　**While** $k \leq k_{\max}$

3.　　**Switch** k

4.　　　　**Case** 1

5. $x_t^{\text{new}} \leftarrow$ 基于输入的维度 d_t 对 x_{LS} 执行 $Op_{d_t,1}$ 邻域的算子操作

6.   **Case** 2

7. $x_t^{\text{new}} \leftarrow$ 基于输入的维度 d_t 对 x_{LS} 执行 $Op_{d_t,2}$ 邻域的算子操作

8.   **Case** 3

9. $x_t^{\text{new}} \leftarrow$ 基于输入的维度 d_t 对 x_{LS} 执行 $Op_{d_t,3}$ 邻域的算子操作

10.   **Case** 4

11. $x_t^{\text{new}} \leftarrow$ 基于输入的维度 d_t 对 x_{LS} 执行 $Op_{d_t,4}$ 邻域的算子操作

12. **End Switch**

13. 计算新生成的解 x_t^{new} 的目标值

14. **If** x_t 不能支配 x_t^{new}

15. $x_{LS} \leftarrow x_t^{\text{new}}$

16. $k \leftarrow 1$

17. **Else**

18. $k \leftarrow k+1$

19. **End If**

20. **End While**

21. 返回 非支配解集 x_{LS}

对于每个邻域算子产生的新个体，如果不能被 x_t 支配，则添加其到备选方案集 *ASS* 中。最后，输出 *ASS* 中所有非支配解。根据 x_t 与 x_{LS} 中每一个新个体 $x_{d,i}^{\text{new}}$ 的目标值之间的差值进行累计 [记为 ΔC_{max} 和 ΔTEC，累计和的计算方式分别如公式（4–24）和公式（4–25）所示]，以此决定下一个状态 s_{t+1} 和奖励值 Reward_{t+1}，并更新 Q 表。Q–DDS 的框架如算法 4–3 所示。

$$\Delta C_{\text{max}} = \sum_{i=1}^{|x_{LS}|} \frac{f_1(x_t) - f_1(x_{d,i}^{\text{new}})}{\max(f_1(x_t), f_1(x_{d,i}^{\text{new}}))} \tag{4–24}$$

$$\Delta TEC = \sum_{i=1}^{|x_{LS}|} \frac{f_2(x_t) - f_2(x_{d,i}^{new})}{\max(f_2(x_t), f_2(x_{d,i}^{new}))} \qquad (4-25)$$

四种状态的定义如下。

状态 1：$\Delta C_{max} > 0$ 且 $\Delta TEC > 0$；状态 2：$\Delta C_{max} > 0$ 且 $\Delta TEC < 0$；状态 3：$\Delta C_{max} < 0$ 且 $\Delta TEC > 0$；状态 4：$\Delta C_{max} < 0$ 且 $\Delta TEC < 0$。

为了使 Q 表能更好地指导局部搜索，使个体朝 Pareto 前沿方向进化，可采用世代距离 GD 定义奖励值。由于算法在执行时，问题的最终 Pareto 前沿解集是未知的。因此，需要改进 GD 的计算方式，以评估新个体距离已知非支配解集的距离。改进后的 GD 公式如下：

$$GD(x_{d,i}^{new}, KP) = \sqrt{\min_{y \in KP} dis(y, x_{d,i}^{new})^2} \qquad (4-26)$$

式中，KP 是 NSAR 中的非支配解集，记为已知 Pareto 前沿。

算法 4-3　Q-DDS 执行框架

输入：NSAR，Q 表，当前进化次数 t

输出：新生成的 $NSAR_{new}$，更新后的 Q 表 $Q_{new}(S, D)$

1.　　NSAR ← 添加 AVDCS 搜索到的非支配解

2.　　KP ← 根据 NSAR 计算当前已知的 Pareto 前沿

3.　　初始化 ASS 为空集

4.　　**For** index ← 1 to length (NSAR)

5.　　　　x_t ← NSAR (index)

6.　　　　**If** x_t 是新加入 NSAR 中的解，即没有前置状态 s_{t-1}

7.　　　　　　$s_t(x_t)$ ← 随机一个状态赋予 x_t

8.　　　　**Else**

9.　　　　　　$s_t(x_t)$ ← x_t 继承 $t-1$ 次迭代下的状态

10.　　　**End If**

11.　**If** rand < ε

12.　　$d_t \leftarrow$ rand(D)

13.　**Else**

14.　　$d_t \leftarrow$ max($Q(s_t,:)$)

15.　**End If**

16.　$x_{LS} \leftarrow$ D–VNS (x_t, d_t)

17.　$ASS \leftarrow$ 将 x_{LS} 中的所有支配 x_t 的解加入 ASS 中

18.　**If** $\exists\, x' \in x_{LS}\, \&\, x'$ 与已知 Pareto 前沿 KP 上的解互不支配

19.　　$KP \leftarrow [KP, x']$

20.　　从 x_{LS} 中删除 x'

21.　**End If**

22.　根据公式（4–24）和公式（4–25）计算 $\Delta C_{\max}$ 和 ΔTEC

23.　$s_{t+1}(x_{LS}) \leftarrow$ 新状态 ($\Delta C, \Delta TEC$)

24.　通过公式（4–31）计算奖励值 Reward$_{d_t}$

25.　Q$_{\text{new}}(S, D) \leftarrow$ 通过公式（4–32）更新 Q 表 Q (s_t, d_t)

26. **End For**

27. 将 NSAR 和 ASS 合并，并输出非支配解构成的新的 NSAR$_{\text{new}}$

28. **返回** NSAR$_{\text{new}}$ 和更新后的 Q 表 Q$_{\text{new}}(S, D)$

　　由公式（4–26）可知，GD 始终是一个正数，不能反映 $x_{d,i}^{\text{new}}$ 是否支配 KP，即不能反映个体是否朝 Pareto 前沿方向进化。因此，这里需要引入一个映射点来确定 $x_{d,i}^{\text{new}}$ 的进化方向，图 4–15 是一个详细的例子。映射点 MP 是正坐标轴与直线 $L(x_{d,i}^{\text{new}}, y)$ 延长线的交点（其中 y 表示 $x_{d,i}^{\text{new}}$ 与 KP 中的最近解）。在图 4–15 中，M_1 是 B 的映射点，因此可以定义两个方向向量，即 $\overrightarrow{yx_{d,i}^{\text{new}}}$ 和 $\overrightarrow{yMP}$。以 B 为例，

$\overrightarrow{yx_{t,op}^{new}} = \overrightarrow{P_1B}$，$\overrightarrow{yMP} = \overrightarrow{P_1M_1}$。因此，$\left|\overrightarrow{yx_{t,i}^{new}}\right|$ 就是 GD 值，进化方向可以使用 $\cos(\overrightarrow{yMP}, \overrightarrow{yx_{t,i}^{new}})$ [由公式（4-27）计算] 来表示。

$$\cos(\overrightarrow{yMP}, \overrightarrow{yx_{d,i}^{new}}) = \frac{\overrightarrow{yMP} \cdot \overrightarrow{yx_{d,i}^{new}}}{\left|\overrightarrow{yMP}\right| \times \left|\overrightarrow{yx_{d,i}^{new}}\right|} \qquad （4-27）$$

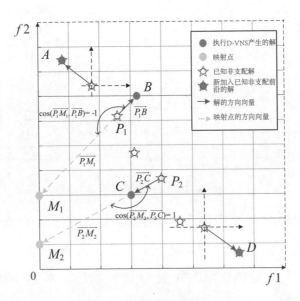

图 4-15　带方向表示的 GD 示例

因此，反映进化方向的 GD 值（DGD）可以用公式（4-28）表示。

$$\mathrm{DGD}(x_{d,op}^{new}, KP) = \cos(\overrightarrow{yMP}, \overrightarrow{yx_{d,i}^{new}}) \times \mathrm{GD}(x_{d,i}^{new}, KP) = \frac{\overrightarrow{yMP} \cdot \overrightarrow{yx_{d,i}^{new}}}{\left|\overrightarrow{yMP}\right|} \qquad （4-28）$$

基于上述描述，奖励值 Reward 是每个维度的邻域算子总数得出的平均值 DGD($x_{d,i}^{new}$, KP)，如公式（4-29）所示。然而，当 $x_{d,i}^{new}$ 仅存在一个目标值满足 $f_{index}(x_{d,i}^{new}) < f_{index}(KP)$，且与当前 KP 中的解是非支配关系时，将 $x_{d,i}^{new}$ 添加到 KP 中，用于扩展当前 KP 的多样性，并不考虑其奖励值。例如，图 4-15 中的个体 A 和 D。

$$\mathrm{Reward} = \frac{\sum_{i=1}^{|x_{LS}|} \mathrm{DGD}(x_{d,i}^{new}, KP)}{|op|} \qquad （4-29）$$

公式（4–30）用于更新 $Q(s_t, d_t)$。

$$Q(s_t, d_t) = Q(s_t, d_t) + \alpha \times (\text{Reward} + \gamma \times Q(s_{t+1}, d_{t+1}) - Q(s_t, d_t)) \qquad （4–30）$$

式中，α 是学习率，γ 是折扣因子（两者取值范围均为 $[0,1]$）。图 4–16 是 Q 表更新示例。

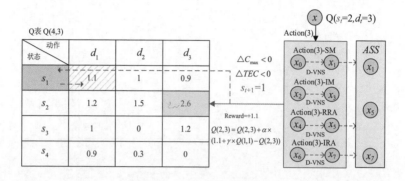

图 4–16　Q 表更新示例

在 Q 表更新的过程中，为避免因多次裂解导致的负奖励值累加，从而错误地造成某次迭代中出现一个正值，而该正值并不反映当前动作的奖励值，所示需要在每次完成 Q 表更新后，对当前状态 s_t 的所有维度的奖励值进行 Softmax 计算，将其归一化到 $[0,1]$ 区间内，Softmax 的计算如公式（4–31）所示。

$$\text{Softmax}(Q(s_t, d_t)) = \frac{e^{Q(s_t, d_t)}}{\sum\limits_{d=1}^{3} e^{Q(s_t, d)}} \qquad （4–31）$$

为避免 Q–DDS 陷入局部最优，在每次迭代进化时，采用 ε 贪婪策略选择 d_t。如果生成的随机数小于 ε，则 d_t 取随机数；否则，$d_t = \max(Q(s_t, :))$。

4.4.6　种群间个体交互策略

我们设计了一种基于目标值空间的种群交互策略，用来负责三个种群之间的个体转移。该策略主要涉及三个转移操作：精英个体从

NSAR 转移到双种群、换个体在双种群之间交换和新的精英个体加入 NSAR。三个个体转移操作的详细描述如下。

1. 精英个体从 NSAR 转移到双种群

为提高双种群中的个体质量，精英个体需从 NSAR 转移到双种群中，其包括两个步骤。

（1）将 NSAR 中 $C_{\max}$ 最小的个体替换为 Pop_1 中 $C_{\max}$ 最大的个体。

（2）将 NSAR 中 TEC 最小的个体替换为 Pop_2 中 TEC 最大的个体。

2. 个体在双种群之间交换

为保证在进化过程中双种群的多样性，提高种群间的协同能力，可以让双种群之间交换个体，其包括两个步骤。

（1）从 Pop_1 中随机选择一个非支配解，并与 Pop_2 中随机选择的非支配解交换。

（2）从 Pop_2 中随机选择一个非支配解，并与 Pop_1 中随机选择的非支配解交换。

3. 新的精英个体加入 NSAR

为保证 NSAR 的质量，促使局部搜索能找到更多高质量的 Pareto 前沿解，新的精英个体应加入 NSAR 中，其包括三个步骤。

（1）除 NSAR 转移到双种群的个体外，其余个体合并成一个新种群 Pop_c。

（2）将 Pop_c 中所有非支配解加入 NSAR 中。如果所加入的非支配解在 NSAR 中不存在，则从 NSAR 的支配解中随机选择一个解，与非支配解所在的种群交换；否则，直接添加到 NSAR。请注意，如果原 NSAR 中的支配解不足，则非支配解直接添加到 NSAR。

（3）为减少 NSAR 中近似解造成的 CPU 资源浪费，如果 NSAR 的个体数量超过 $N_p/3$，则将所有非支配解按照拥挤距离从大到小排序，并选择前 $N_p/3$ 的个体构成新的 NSAR。

种群之间个体的交换过程如图 4–17 所示。

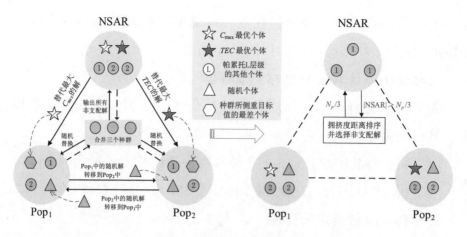

图 4–17　种群之间个体的交换过程

4.5　仿真实验与数据分析

本节首先介绍了实验设置和参数校准过程。其次，通过大量实验验证了所提策略的有效性，包括初始化方法、全局搜索机制、局部搜索机制及种群交互策略。最后，通过与现有多目标算法的比较，验证了 MDCEA 的优越性。实验环境及硬件设备与第 3 章相同。

4.5.1　实验设置与评价指标

本节仿真实验所涉及的实验算例、停止条件和多目标算法评价指标介绍如下。

（1）实验算例。共设计了 44 个基于真实生产数据的算例，这些算例由 6 个参数构成，分别为 f、j、P、m_g、r、K，表示为 "F-J-S-M-R-A"，其中，工厂数量 $f=\{2,3,4\}$，工件数量 $j=\{10,20,30,50\}$，加工阶段 $P=\{2,3,4\}$，每个阶段的机器数量 $m_g=\{2,3,4\}$，资源类型数量 $r=\{2,3,4\}$，每个阶段 AGV 的数量 $K=\{2,3,4\}$。在本次实验中，各个模块的策略有效性验证取小规模算例进行实验，在整体算法的有效性验证时取所有规模算例进行实验。

（2）停止条件。所有实验涉及的算法以最大进化次数为停止条件，其定义为 $f \times j \times P \times 10$。

（3）评价指标。由于事先不知道每个算例的真实 Pareto 前沿，因此将所有对比算法得到的 Pareto 非支配解合并后，取其中的非支配解作为近似 Pareto 前沿，参与多目标评价指标超体积（HV）和反世代距离（IGD）的计算。所有对比算法计算的 HV 和 IGD 结果均用相对百分比增长值（RPI）来衡量，其计算方式如公式（4-32）所示。

$$\mathrm{RPI}(C) = 100 \times \frac{C - C_{\max}}{C_{\max}} \qquad （4\text{-}32）$$

式中，C 表示每个算法获得的多目标评价指标值（HV 或 IGD），$C_{\max}$ 是所有算法获得多目标评价指标值中的最大值。

4.5.2　参数校准

由于学习率 α 和折扣因子 γ 的取值范围及定义分别与知识率 K_r 和知识因子 K_f 相似，设 $\alpha = K_f$，$\gamma = K_r$。因此，MDCEA 的性能受四个参数的影响，即维度学习率 K、知识因子 K_f、知识率 K_r 及贪婪选择概率 ε。参数不同水平的设置见表 4-1，为每个参数设置了四个潜在水平因子。参数校准实验采用田口正交实验设计法进行，以 $L_{16}(4^4)$ 作为正交阵列，参数组合形式见表 4-2 的第 2～4 列。每个组合独立运行每个算例 10 次，以平均 IGD 值作为分析结果，见表 4-2 最后一列所列。

表 4-1　参数不同水平的设置

参　　数	因子水平			
	1	2	3	4
K	2	4	6	8
K_r	0.1	0.3	0.6	0.7
K_f	0.1	0.3	0.5	0.7
ε	0.1	0.4	0.7	0.8

表 4-2　不同参数组合下的正交实验

实验次数	因子				平均 IGD 值
	K	K_r	K_f	ε	
1	1	1	1	1	3490.46
2	1	2	2	2	3736.48
3	1	3	3	3	3239.67
4	1	4	4	4	2088.28
5	2	1	2	3	3548.70
6	2	2	1	4	3072.09
7	2	3	4	1	1196.56
8	2	4	3	2	2603.98
9	3	1	3	4	4006.10
10	3	2	4	3	2238.17
11	3	3	1	2	3416.94
12	3	4	2	1	3220.80
13	4	1	4	2	2043.94
14	4	2	3	1	2274.39
15	4	3	2	4	1851.24
16	4	4	1	3	2553.21

表 4-3 列出了参数校准实验结果的数据分析，即每个参数在不同水平下的平均 IGD 值的影响秩序结果。结果表明，影响 MDCEA 性能的参数优先级为 $K_f>K>K_r>\varepsilon$。图 4-18 展示了各个参数在不同水平下的平均 IGD 值变化趋势，平均 IGD 值越小，MDCEA 的性能就越好。因此，最佳参数配置为 $K=8$，$K_r=0.6$，$K_f=0.7$，$\varepsilon=0.1$。

表 4-3　IGD 平均值和参数等级

水　平	K	K_r	K_f	ε
1	3139	3272	3133	2546
2	2605	2830	3089	2950
3	3221	2426	3031	2895

续表

水　平	K	K_r	K_f	ε
4	2181	2617	1892	2754
Delta	1040	846	1241	405
Rank	2	3	1	4

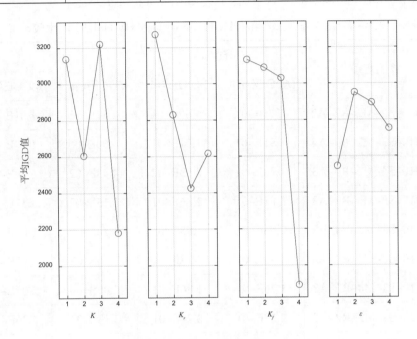

图 4-18　平均 IGD 值变化趋势

4.5.3　种群划分策略有效性验证

为了评估所采用的初始化方法的有效性，这里对两种对比算法进行了实验，即采用本节设计初始化方法的 MDCEA（记为 MDCEA-DP）和随机初始化方法的 MDCEA（记为 MDCEA-R）。其余模块完全相同，每种算法独立运行 10 次。

两种对比算法得出的 HV 结果见表 4-4 中的第 2 ~ 3 列，表 4-4 中的第 4 ~ 5 列列出了 IGD 值的结果。最后一行显示了每种算法求解所有算例的平均 HV 和 IGD 值。从表 4-4 中的结果可以得出以下结论：① 在 20 个算例中，MDCEA-DP 获得的最优 HV 值数量占 90%，比 MDCEA-R 多 80%；② 从平均 HV 值来看，MDCEA-DP 比 MDCEA-R 提高了约 8.38% 的 HV 值；③ MDCEA-DP 获得的最优 IGD 值占总算例数量的 90%；④ 从平均 IGD 值的结果来看，MDCEA-DP 比 MDCEA-R 提高了约 52.33% 的 IGD 值。

表 4-4　MDCEA-DP 和 MDCEA-R 计算的 HV 和 IGD 值比较

算例规模	HV		IGD	
	MDCEA-DP	MDCEA-R	MDCEA-DP	MDCEA-R
F2-J10-S2-M2-R2-A2	1.75E-01	1.69E-01	4.87E-03	1.01E-01
F2-J10-S3-M2-R3-A4	1.91E-01	1.91E-01	0.00E+00	1.10E-01
F2-J10-S4-M2-R4-A3	1.28E-01	8.03E-02	4.43E-02	6.70E-02
F2-J10-S2-M3-R3-A3	3.01E-01	2.86E-01	1.15E-02	3.57E-02
F2-J10-S3-M3-R4-A2	2.06E-01	1.88E-01	2.20E-02	1.07E-01
F3-J10-S2-M4-R4-A4	4.38E-01	4.33E-01	3.30E-03	1.42E-01
F3-J10-S3-M4-R2-A3	1.76E-01	1.86E-01	0.00E+00	2.07E-01
F2-J20-S2-M2-R2-A2	2.25E-01	2.24E-01	3.13E-02	6.26E-02
F2-J20-S3-M2-R3-A4	1.09E-01	1.08E-01	1.18E-01	0.00E+00
F2-J20-S4-M2-R4-A3	2.44E-01	2.21E-01	3.54E-02	5.54E-02
F3-J20-S2-M3-R3-A3	1.33E-01	1.02E-01	1.32E-01	0.00E+00
F3-J20-S3-M3-R4-A2	1.59E-01	1.50E-01	2.96E-02	3.42E-02
F4-J20-S2-M4-R4-A4	1.32E-01	1.41E-01	0.00E+00	2.36E-01
F4-J20-S3-M4-R2-A3	6.53E-02	5.01E-02	0.00E+00	2.60E-01
F2-J30-S2-M2-R2-A2	1.69E-01	1.53E-01	1.36E-02	4.02E-02
F2-J30-S3-M2-R3-A4	2.46E-01	2.29E-01	1.28E-02	4.77E-02
F3-J30-S2-M3-R3-A3	4.13E-02	3.19E-02	8.51E-03	1.37E-01
F3-J30-S3-M3-R4-A2	2.22E-01	2.21E-01	2.74E-02	5.36E-02

续表

算例规模	HV		IGD	
	MDCEA–DP	MDCEA–R	MDCEA–DP	MDCEA–R
F4–J30–S2–M4–R4–A4	1.24E–01	6.38E–02	1.30E–02	1.85E–02
F4–J30–S3–M4–R2–A3	9.19E–02	6.05E–02	4.52E–02	1.18E–01
平均值	1.79E–01	1.64E–01	2.77E–02	9.16E–02

图 4–19（a）和图 4–19（b）分别展示了 MDCEA–DP 和 MDCEA–R 的 RPI (HV) 和 RPI(IGD) 的方差分析结果，结果表明：① MDCEA–DP 获得的 RPI (HV) 值明显高于 MDCEA–R 获得的 RPI (HV) 值（p 值 = 1.229102e–03 < 0.05）；② MDCEA–DP 获得的 RPI(IGD) 值明显低于 MDCEA–R 获得的 RPI(IGD) 值（p 值 = 2.472412e–6 < 0.05）。因此，所提出的初始化方法可以有效地改善初始种群的离散性和质量。

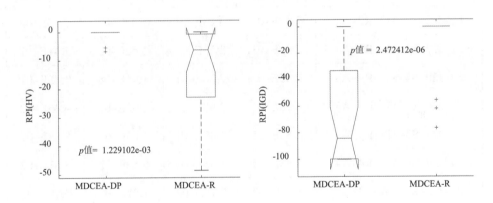

（a）对 RPI(HV) 值进行方差分析　　（b）对 RPI(IGD) 值进行方差分析

图 4–19　不同初始化方法的方差分析结果

4.5.4　全局搜索机制有效性验证

为了测试自适应变维度全局搜索策略的性能，下面对两种算法在 20 个算例下进行了对比实验，即以自适应变维度全局搜索策略作为全局搜索优化器的 MDCEA（记为 AVDCS）和以原始 GSK 算法作为全局搜索优化器的 MDCEA（记为 GSK）。两种对比算法的其余模块相同，每种算法对每个算例独立运行 10 次，所获得的 HV 和 IGD 结果见表 4-5。

表 4-5　AVDCS 和 GSK 计算的 HV 和 IGD 值比较

算例规模	HV		IGD	
	AVDCS	GSK	AVDCS	GSK
F2–J10–S2–M2–R2–A2	2.20E–01	2.14E–01	1.35E–02	6.24E–02
F2–J10–S3–M2–R3–A4	1.93E–01	1.70E–01	2.20E–04	7.75E–02
F2–J10–S4–M2–R4–A3	1.65E–01	1.63E–01	2.58E–03	1.32E–01
F2–J10–S2–M3–R3–A3	3.78E–01	3.72E–01	0	1.50E–01
F2–J10–S3–M3–R4–A2	2.53E–01	2.53E–01	3.71E–02	2.81E–02
F3–J10–S2–M4–R4–A4	2.02E–01	2.07E–01	9.67E–03	6.32E–02
F3–J10–S3–M4–R2–A3	1.49E–01	1.27E–01	1.39E–01	1.69E–02
F2–J20–S2–M2–R2–A2	3.18E–01	3.13E–01	6.49E–02	7.55E–02
F2–J20–S3–M2–R3–A4	2.29E–01	2.20E–01	1.40E–03	1.41E–01
F2–J20–S4–M2–R4–A3	2.55E–01	2.34E–01	1.95E–08	1.45E–01
F3–J20–S2–M3–R3–A3	4.10E–01	3.98E–01	2.02E–02	4.45E–02
F3–J20–S3–M3–R4–A2	1.85E–01	1.48E–01	1.66E–02	8.88E–02
F4–J20–S2–M4–R4–A4	1.55E–01	1.55E–01	8.50E–02	3.61E–02
F4–J20–S3–M4–R2–A3	8.42E–02	7.19E–02	1.07E–02	5.46E–02
F2–J30–S2–M2–R2–A2	2.65E–01	3.05E–01	1.24E–02	2.15E–02
F2–J30–S3–M2–R3–A4	2.99E–01	2.97E–01	7.07E–02	2.03E–02
F3–J30–S2–M3–R3–A3	2.46E–01	2.17E–01	3.27E–02	1.29E–02
F3–J30–S3–M3–R4–A2	1.88E–01	1.23E–01	1.42E–02	9.18E–02
F4–J30–S2–M4–R4–A4	1.97E–01	1.87E–01	1.27E–02	1.47E–02
F4–J30–S3–M4–R2–A3	8.95E–02	1.02E–01	1.06E–02	8.13E–02
平均值	2.24E–01	2.14E–01	2.77E–02	6.79E–02

表 4-5 中的 HV 和 IGD 结果表明：① AVDCS 在 85% 的总算例中获得了优越 HV 结果，比 GSK 多出 70%；② AVDCS 获得的平均 HV 值优于 GSK；③ 20 个算例中 75% 的优越 IGD 结果由 AVDCS 获得，其余 25% 由 GSK 获得；④ AVDCS 获得的平均 IGD 值明显优于 GSK。

RPI (HV) 和 RPI (IGD) 的方差分析结果分别如图 4-20（a）和图 4-20（b）所示，从图 4-20 可以得出以下结论：① AVDCS 的 RPI (HV) 值明显高于 GSK（p 值 =1.742374e-02 < 0.05）；② AVDCS 的 RPI (IGD) 值明显低于 GSK（p 值 = 9.223676e-04 < 0.05）。因此，AVDCS 在处理双种群且多维度编码个体的问题时更加有效。

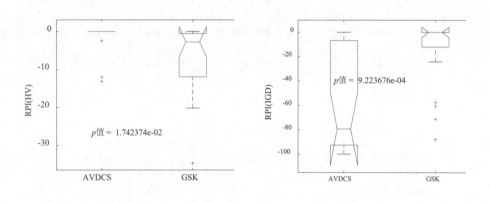

（a）对 RPI(HV) 值进行方差分析　　　（b）对 RPI(IGD) 值进行方差分析

图 4-20　不同全局搜索方法的方差分析结果

4.5.5　局部搜索机制有效性验证

为了评估基于 Q 学习的维度勘探搜索的局部搜索能力，下面对比两种算法进行实验，即使用 Q 学习的维度勘探搜索的 MDCEA（记为 Q-DDS）和使用变邻域搜索（VNS）的 MDCEA（记为 VNS）。VNS 使用与 Q-DDS 相同的算子，但在维度选择方面，VNS 每次都会选择随机维度进行深度搜索。两种对比算法的其余模块完全相同，并独立运行 10 次。Q-DDS 和 VNS 计算的 HV 和 RPI (HV) 值比较见表 4-6。

表 4-6　Q-DDS 和 VNS 计算的 HV 和 RPI (HV) 值比较

算例规模	HV		RPI(HV)	
	Q-DDS	VNS	Q-DDS	VNS
F2-J10-S2-M2-R2-A2	2.16E-01	2.19E-01	-1.28	0.00
F2-J10-S3-M2-R3-A4	1.67E-01	1.67E-01	0.00	-0.11
F2-J10-S4-M2-R4-A3	1.28E-01	1.03E-01	0.00	-19.50
F2-J10-S2-M3-R3-A3	2.37E-01	2.14E-01	0.00	-9.52
F2-J10-S3-M3-R4-A2	2.06E-01	1.73E-01	0.00	-16.42
F3-J10-S2-M4-R4-A4	1.92E-01	1.99E-01	-3.47	0.00
F3-J10-S3-M4-R2-A3	1.48E-01	1.04E-01	0.00	-29.68
F2-J20-S2-M2-R2-A2	2.57E-01	2.55E-01	0.00	-0.75
F2-J20-S3-M2-R3-A4	1.09E-01	8.96E-02	0.00	-18.10
F2-J20-S4-M2-R4-A3	2.44E-01	2.12E-01	0.00	-12.92
F3-J20-S2-M3-R3-A3	2.64E-01	2.76E-01	-4.58	0.00
F3-J20-S3-M3-R4-A2	1.39E-01	1.40E-01	-0.87	0.00
F4-J20-S2-M4-R4-A4	1.44E-01	9.40E-02	0.00	-34.69
F4-J20-S3-M4-R2-A3	4.13E-02	1.48E-02	0.00	-64.25
F2-J30-S2-M2-R2-A2	2.00E-01	1.69E-01	0.00	-15.59
F2-J30-S3-M2-R3-A4	1.60E-01	1.48E-01	0.00	-7.58
F3-J30-S2-M3-R3-A3	1.90E-01	1.76E-01	0.00	-6.91
F3-J30-S3-M3-R4-A2	2.66E-01	2.21E-01	0.00	-16.97
F4-J30-S2-M4-R4-A4	1.60E-01	1.43E-01	0.00	-10.39
F4-J30-S3-M4-R2-A3	9.19E-02	3.27E-02	0.00	-64.43
平均值	1.78E-01	1.58E-01	-0.51	-16.39

从表 4-6 中可以得出以下结论：① Q-DDS 取得了 16 个最优 HV 结果，比 VNS 多 12 个；② Q-DDS 取得了最高的平均 HV 值，与 VNS 相比提高了约 15.88%。图 4-21（a）展示了对于 Q-DDS 和 VNS 所计算的 RPI(HV) 数据的方差分析结果，其结果表明 Q-DDS 获得的 RPI(HV) 值明显优于 VNS（p 值 = 6.803211e–04 < 0.05）。

表 4-7 列出了两种对比算法计算所得的 IGD 和 RPI(IGD) 值，结果表明：① Q-DDS 在几乎所有算例中都取得了最优 IGD 值；② Q-DDS 获得的平均 IGD 值优于 VNS，且与 VNS 相比性能提高了约 81.19%。图 4-21（b）展示了对于 Q-DDS 和 VNS 所计算的 RPI(IGD) 数据的方差分析结果，其中，Q-DDS 得到的 RPI(IGD) 明显低于 VNS 得到的 RPI(IGD)（p 值 = 5.100182e–14 < 0.05）。

总之，从数据分析的角度来看，基于 Q 学习的维度勘探搜索可以有效提高 MDCEA 的局部搜索能力，且优于传统的 VNS 方法。

表 4-7　Q-DDS 和 VNS 计算的 IGD 和 RPI(IGD) 值比较

算例规模	IGD		RPI(IGD)	
	Q-DDS	VNS	Q-DDS	VNS
F2–J10–S2–M2–R2–A2	2.33E–03	4.08E–02	–94.30	0.00
F2–J10–S3–M2–R3–A4	0.00E+00	4.56E–02	–100.00	0.00
F2–J10–S4–M2–R4–A3	1.47E–03	3.77E–02	–96.11	0.00
F2–J10–S2–M3–R3–A3	1.67E–02	1.07E–02	0.00	–35.47
F2–J10–S3–M3–R4–A2	0.00E+00	9.14E–02	–100.00	0.00
F3–J10–S2–M4–R4–A4	0.00E+00	3.88E–02	–100.00	0.00
F3–J10–S3–M4–R2–A3	1.23E–02	8.88E–02	–86.15	0.00
F2–J20–S2–M2–R2–A2	2.39E–02	2.41E–02	–0.95	0.00
F2–J20–S3–M2–R3–A4	7.30E–03	2.20E–02	–66.80	0.00

续表

算例规模	IGD		RPI(IGD)	
	Q–DDS	VNS	Q–DDS	VNS
F2–J20–S4–M2–R4–A3	2.35E–09	6.57E–02	−100.00	0.00
F3–J20–S2–M3–R3–A3	8.17E–03	2.25E–02	−63.64	0.00
F3–J20–S3–M3–R4–A2	3.18E–04	4.13E–02	−99.23	0.00
F4–J20–S2–M4–R4–A4	0.00E+00	7.60E–02	−100.00	0.00
F4–J20–S3–M4–R2–A3	0.00E+00	7.65E–02	−100.00	0.00
F2–J30–S2–M2–R2–A2	1.83E–04	5.26E–02	−99.65	0.00
F2–J30–S3–M2–R3–A4	0.00E+00	7.21E–02	−100.00	0.00
F3–J30–S2–M3–R3–A3	7.91E–03	3.55E–02	−77.72	0.00
F3–J30–S3–M3–R4–A2	4.83E–03	5.43E–02	−91.10	0.00
F4–J30–S2–M4–R4–A4	0.00E+00	9.84E–02	−100.00	0.00
F4–J30–S3–M4–R2–A3	1.11E–02	6.72E–02	−83.53	0.00
平均值	4.82E–03	5.31E–02	−82.96	−1.77

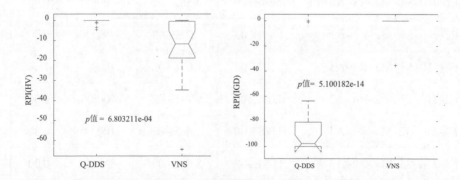

（a）对 RPI(HV) 值进行方差分析　　（b）对 RPI(IGD) 值进行方差分析

图 4–21　不同局部搜索方法的方差分析结果

4.5.6 种群交互策略有效性验证

为了验证三种群交互策略在 MDCEA 中的有效性，对三种不同种群交互策略的 MDCEA 进行实验，即使用三种群交互策略的 MDCEA（记为 OSAI）、使用精英知识转移模型[111]的 MDCEA（记为 EKT）和没有种群交互模块的 MDCEA（记为 NTM）。为了减少 CPU 计算时间，需控制 EKT 和 NTM 中 NSAR 所包含非支配解的数目。因此，在 EKT 和 NTM 中，控制 NSAR 大小的方法与 OSAI 相同。除种群交互模块外，其余所有模块的方法保持相同。每种算法对 20 个算例独立运行 10 次，计算的 HV 结果见表 4-8。

表 4-8 三种不同种群交互策略对比算法所获得的 HV 和 RPI(HV) 值比较

算例规模	Best	HV			RPI(HV)		
		OSAI	EKT	NTM	OSAI	EKT	NTM
F2–J10–S2–M2–R2–A2	3.77E–01	3.54E–01	3.60E–01	3.77E–01	−6.00	−4.55	0.00
F2–J10–S3–M2–R3–A4	2.23E–01	2.23E–01	2.09E–01	2.11E–01	0.00	−6.32	−5.20
F2–J10–S4–M2–R4–A3	1.72E–01	1.72E–01	1.53E–01	1.43E–01	0.00	−11.20	−16.91
F2–J10–S2–M3–R3–A3	3.28E–01	3.28E–01	2.91E–01	3.22E–01	0.00	−11.11	−1.73
F2–J10–S3–M3–R4–A2	2.02E–01	1.98E–01	1.77E–01	2.02E–01	−2.20	−12.31	0.00
F3–J10–S2–M4–R4–A4	3.16E–01	3.12E–01	3.12E–01	3.16E–01	−1.26	−1.13	0.00
F3–J10–S3–M4–R2–A3	3.10E–01	3.10E–01	3.02E–01	3.07E–01	0.00	−2.38	−1.06
F2–J20–S2–M2–R2–A2	3.96E–01	3.96E–01	3.75E–01	3.86E–01	0.00	−5.34	−2.45
F2–J20–S3–M2–R3–A4	1.95E–01	1.95E–01	1.66E–01	1.42E–01	0.00	−14.99	−27.41
F2–J20–S4–M2–R4–A3	1.81E–01	1.81E–01	1.56E–01	1.70E–01	0.00	−13.96	−6.21
F3–J20–S2–M3–R3–A3	1.50E–01	1.50E–01	1.30E–01	1.25E–01	0.00	−13.23	−16.81

算例规模	Best	HV			RPI(HV)		
		OSAI	EKT	NTM	OSAI	EKT	NTM
F3–J20–S3–M3–R4–A2	2.81E–01	2.81E–01	2.61E–01	2.28E–01	0.00	−7.00	−18.96
F4–J20–S2–M4–R4–A4	1.95E–01	1.75E–01	1.72E–01	1.95E–01	−10.16	−11.81	0.00
F4–J20–S3–M4–R2–A3	7.67E–02	7.67E–02	7.39E–02	6.69E–02	0.00	−3.58	−12.67
F2–J30–S2–M2–R2–A2	2.16E–01	2.16E–01	2.14E–01	2.05E–01	0.00	−0.67	−5.09
F2–J30–S3–M2–R3–A4	2.48E–01	2.39E–01	2.22E–01	2.48E–01	−3.39	−10.42	0.00
F3–J30–S2–M3–R3–A3	3.53E–01	3.53E–01	3.19E–01	3.39E–01	0.00	−9.62	−3.75
F3–J30–S3–M3–R4–A2	3.48E–01	3.47E–01	3.02E–01	3.48E–01	−0.22	−13.12	0.00
F4–J30–S2–M4–R4–A4	1.89E–01	1.80E–01	1.67E–01	1.89E–01	−4.82	−11.31	0.00
F4–J30–S3–M4–R2–A3	1.69E–01	1.69E–01	1.62E–01	1.12E–01	0.00	−4.23	−33.83
平均值		2.43E–01	2.26E–01	2.31E–01	−1.40	−8.41	−7.60

从表 4-8 中每个算例的 HV 和 RPI (HV) 结果对比可以得出结论：① 在总共 20 个算例中，OSAI 获得了 65%（13/20×100）最优的 HV 值，分别比 EKT 和 NTM 多 65%（(13-0)/20×100）和 30%（(13-7)/20×100）；② 从平均的 HV 值结果来看，OSAI 获得了最高的 HV 和 RPI(HV) 值，且相比较于 EKT 和 NTM 分别提高了约 7.01% 和 6.2%。图 4-22 展示了对于 OSAI、EKT 和 NTM 的 RPI(HV) 数据的方差分析结果，结果表明 OSAI 的 RPI(HV) 值最高，且与其他两种算法有明显的差异（p 值 = 2.318052e-03 < 0.05）。因此，OSAI 能有效地提高 MDCEA 中种群在进化过程中的离散性，其效果优于 EKT 和 NTM。

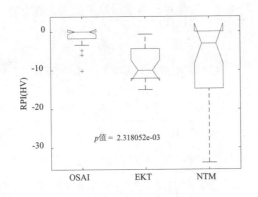

图 4–22　不同种群交互算法的方差分析结果

4.5.7　算法的有效性验证

为了证明 MDCEA 的高效性，在算法有效性的验证实验中，将 MDCEA 与其他四种流行的多目标算法进行比较，即 CCMO[112]、CAMOEA[113]、NSGA–III[105] 及 RSEA[106]。所有对比算法均在 PlatEMO[100] 中重新编码和实现。其中，CCMA 和 CAMOEA 采用了与 MDCEA 相同的种群初始化方法。NSGA–III 和 RSEA 将同样采用与 MDCEA 相同的种群初始化方法，但仅将生成的双种群合并作为初始种群。为了全面评估 MDCEA 的性能，额外增加了 40 个算例进行测试，且五种对比算法分别独立运行 10 次。最后对每个算法所获得的非支配解集进行 HV 和 IGD 计算。

表 4–9 列出了通过五种对比算法获得非支配解集计算出的 HV 值，从中可以得出以下两点结论：① MDCAE 获得的最优 HV 值的比率最高，占总算例的 90%（36/40），分别比 CAMOEA、CCMO、NSGA–III 和 RSEA 高出 82.5%、90%、90% 和 87.5%；② 从最后一行的每一种算法对 40 个算例获得的平均 HV 值进行分析，MDCEA 获得了最高的平均 HV 值为 0.40，相比于其他四种算法，多样性提高了约 37.5%（CAMOEA）、72.5%（CCMO）、80%（NSGA–III）、57.5%（RSEA）。

表 4-9　五种对比算法所获得的 HV 值比较

算例规模	HV				
	CAMOEA	CCMO	MDCEA	NSGA-III	RSEA
F2-J10-S2-M2-R2-A2	6.28E-01	5.76E-01	7.00E-01	5.78E-01	6.39E-01
F2-J10-S2-M3-R3-A3	8.30E-03	0.00E+00	2.30E-01	0.00E+00	3.90E-04
F2-J10-S3-M2-R3-A4	5.30E-01	5.21E-01	6.79E-01	4.77E-01	5.12E-01
F2-J10-S3-M3-R4-A2	3.20E-01	1.28E-01	6.05E-01	1.75E-01	1.61E-01
F2-J10-S4-M2-R4-A3	4.46E-01	3.33E-01	6.52E-01	2.31E-01	4.46E-01
F2-J20-S2-M2-R2-A2	4.24E-01	3.72E-01	5.05E-01	9.48E-03	3.57E-01
F2-J20-S2-M3-R3-A3	6.90E-01	5.75E-01	7.80E-01	5.11E-01	6.33E-01
F2-J20-S2-M4-R4-A4	4.53E-01	3.24E-01	6.77E-01	1.14E-01	3.36E-01
F2-J20-S3-M2-R3-A4	3.25E-01	0.00E+00	3.66E-01	0.00E+00	2.13E-01
F2-J20-S3-M3-R4-A2	4.72E-01	2.34E-01	5.36E-01	2.29E-01	8.64E-02
F2-J20-S3-M4-R2-A3	7.67E-02	0.00E+00	2.06E-01	0.00E+00	0.00E+00
F2-J20-S4-M2-R4-A3	2.29E-01	0.00E+00	2.36E-01	0.00E+00	5.06E-02
F2-J30-S2-M2-R2-A2	2.59E-01	5.49E-02	3.45E-01	1.93E-01	1.73E-01
F2-J30-S2-M3-R3-A3	5.32E-02	0.00E+00	1.31E-01	0.00E+00	0.00E+00
F2-J30-S2-M4-R4-A4	3.27E-01	0.00E+00	5.31E-01	0.00E+00	0.00E+00
F2-J30-S3-M2-R3-A4	1.11E-01	3.20E-02	1.68E-01	1.82E-02	4.72E-02
F2-J30-S3-M3-R4-A2	2.49E-01	1.03E-01	2.94E-01	2.79E-02	2.24E-01
F2-J30-S3-M4-R2-A3	1.26E-01	0.00E+00	1.76E-01	0.00E+00	1.63E-02
F3-J20-S2-M3-R3-A3	3.15E-01	1.96E-01	3.05E-01	4.22E-02	2.40E-01
F3-J20-S2-M4-R4-A4	3.74E-01	1.93E-01	3.57E-01	1.37E-01	1.17E-01
F3-J20-S3-M2-R3-A4	2.31E-01	0.00E+00	2.56E-01	0.00E+00	0.00E+00
F3-J20-S3-M3-R4-A2	5.99E-01	2.47E-01	6.22E-01	3.81E-03	5.65E-01
F3-J30-S2-M2-R2-A2	7.58E-02	1.48E-02	3.85E-01	1.60E-02	2.15E-01
F3-J30-S2-M3-R3-A3	1.64E-01	0.00E+00	3.68E-01	0.00E+00	0.00E+00
F3-J30-S2-M4-R4-A4	2.15E-01	6.78E-02	5.55E-01	0.00E+00	2.29E-01

续表

算例规模	HV				
	CAMOEA	CCMO	MDCEA	NSGA-III	RSEA
F3-J30-S3-M2-R3-A4	1.52E-01	8.90E-02	1.70E-01	0.00E+00	1.11E-01
F3-J30-S3-M4-R2-A3	0.00E+00	0.00E+00	2.37E-01	0.00E+00	2.54E-01
F3-J50-S2-M2-R2-A2	1.21E-01	0.00E+00	2.24E-01	0.00E+00	2.32E-02
F3-J50-S2-M3-R3-A3	3.11E-02	0.00E+00	4.89E-01	0.00E+00	0.00E+00
F3-J50-S3-M2-R3-A4	2.62E-01	9.35E-02	2.67E-01	1.88E-01	6.19E-02
F3-J50-S4-M2-R4-A3	7.71E-02	0.00E+00	1.57E-01	0.00E+00	0.00E+00
F4-J30-S2-M2-R2-A2	1.01E-01	2.08E-01	3.46E-01	1.75E-01	1.21E-01
F4-J30-S2-M3-R3-A3	3.35E-02	0.00E+00	3.62E-01	0.00E+00	2.44E-01
F4-J30-S2-M4-R4-A4	2.75E-01	3.22E-02	2.54E-01	0.00E+00	6.62E-02
F4-J30-S3-M2-R3-A4	2.60E-01	0.00E+00	3.62E-01	0.00E+00	0.00E+00
F4-J30-S3-M3-R4-A2	4.59E-01	0.00E+00	5.17E-01	0.00E+00	2.43E-01
F4-J50-S2-M2-R2-A2	1.42E-01	0.00E+00	1.51E-01	0.00E+00	3.56E-02
F4-J50-S2-M3-R3-A3	3.34E-01	0.00E+00	4.29E-01	0.00E+00	2.58E-02
F4-J50-S3-M2-R3-A4	8.26E-02	0.00E+00	4.99E-01	0.00E+00	2.51E-01
F4-J50-S4-M2-R4-A3	2.78E-02	0.00E+00	6.90E-01	0.00E+00	0.00E+00
平均值	2.50E-01	1.10E-01	4.00E-01	8.00E-02	1.70E-01

表 4-10 列出了通过五种对比算法获得非支配解集计算出的 IGD 值。从中可以得出以下两点结论：① MDCEA 获得的最优 IGD 值的比率最高，占总算例的 92.5%（37/40），另外三个最优 IGD 值由 CAMOEA 算法获得。其中，在算例"F3-J20-S2-M3-R3-A3"中，MDCEA 和 CAMOEA 的结果差距较大，其余两个算例差距较小。② 通过分析最后一行的平均 IGD 值可知，MDCEA 获得的最低的平均 IGD 值为 1.46E-02，相比于其他四种算法，非支配的质量提高了约 91.3%（CAMOEA）、96.35%（CCMO）、97.38%（NSGA-III）、94.83%（RSEA）。

表 4-10 五种对比算法所获得的 IGD 值比较

算例规模	IGD				
	CAMOEA	CCMO	MDCEA	NSGA-III	RSEA
F2-J10-S2-M2-R2-A2	2.05E-01	1.48E-01	0.00E+00	2.27E-01	2.34E-01
F2-J10-S2-M3-R3-A3	1.86E-01	2.52E-01	0.00E+00	3.03E-01	2.27E-01
F2-J10-S3-M2-R3-A4	1.97E-01	1.95E-01	0.00E+00	2.40E-01	2.22E-01
F2-J10-S3-M3-R4-A2	2.20E-01	4.01E-01	0.00E+00	3.70E-01	3.62E-01
F2-J10-S4-M2-R4-A3	2.18E-01	3.02E-01	0.00E+00	4.30E-01	2.21E-01
F2-J20-S2-M2-R2-A2	7.72E-02	2.78E-01	1.07E-02	6.58E-01	2.83E-01
F2-J20-S2-M3-R3-A3	3.52E-01	3.27E-01	0.00E+00	3.29E-01	2.97E-01
F2-J20-S2-M4-R4-A4	1.64E-01	2.22E-01	0.00E+00	4.08E-01	2.12E-01
F2-J20-S3-M2-R3-A4	2.15E-01	4.81E-01	1.31E-02	4.82E-01	3.38E-01
F2-J20-S3-M3-R4-A2	1.05E-01	2.39E-01	4.99E-02	2.35E-01	3.08E-01
F2-J20-S3-M4-R2-A3	9.44E-02	4.79E-01	0.00E+00	9.09E-01	1.81E-01
F2-J20-S4-M2-R4-A3	4.02E-01	3.79E-01	1.15E-02	3.21E-01	4.03E-01
F2-J30-S2-M2-R2-A2	5.16E-01	5.20E-01	0.00E+00	3.01E-01	5.65E-01
F2-J30-S2-M3-R3-A3	1.76E-01	8.45E-01	0.00E+00	6.56E-01	4.84E-01
F2-J30-S2-M4-R4-A4	2.57E-01	7.10E-01	0.00E+00	7.30E-01	4.51E-01
F2-J30-S3-M2-R3-A4	2.61E-02	5.07E-01	3.02E-02	9.03E-01	1.56E-01
F2-J30-S3-M3-R4-A2	2.74E-01	7.10E-01	7.08E-02	7.38E-01	3.90E-01
F2-J30-S3-M4-R2-A3	1.14E-01	7.66E-01	2.97E-08	6.65E-01	1.91E-01
F3-J20-S2-M3-R3-A3	9.87E-03	2.23E-01	3.80E-02	3.37E-01	1.38E-01
F3-J20-S2-M4-R4-A4	4.71E-02	7.97E-02	2.49E-02	3.61E-01	5.43E-02
F3-J20-S3-M2-R3-A4	1.26E-02	4.46E-01	3.62E-02	5.53E-01	2.74E-01
F3-J20-S3-M3-R4-A2	1.51E-01	2.83E-01	2.97E-03	5.50E-01	2.53E-01
F3-J30-S2-M2-R2-A2	4.71E-01	4.53E-01	0.00E+00	5.67E-01	2.32E-01
F3-J30-S2-M3-R3-A3	1.34E-01	3.49E-01	0.00E+00	4.95E-01	3.30E-01
F3-J30-S2-M4-R4-A4	2.36E-01	3.74E-01	0.00E+00	8.07E-01	2.19E-01
F3-J30-S3-M2-R3-A4	1.30E-01	3.01E-01	5.22E-02	4.83E-01	3.82E-01

算例规模	IGD				
	CAMOEA	CCMO	MDCEA	NSGA-III	RSEA
F3-J30-S3-M4-R2-A3	1.09E-01	2.17E-01	8.15E-02	5.30E-01	1.92E-01
F3-J50-S2-M2-R2-A2	2.52E-01	4.86E-01	4.67E-02	7.00E-01	2.16E-01
F3-J50-S2-M3-R3-A3	5.25E-02	3.37E-01	0.00E+00	1.01E+00	1.33E-01
F3-J50-S3-M2-R3-A4	1.88E-01	3.44E-01	0.00E+00	4.55E-01	3.27E-01
F3-J50-S4-M2-R4-A3	5.26E-02	1.01E-01	1.93E-02	5.49E-01	1.51E-01
F4-J30-S2-M2-R2-A2	1.97E-01	3.12E-01	7.99E-03	7.96E-01	2.67E-01
F4-J30-S2-M3-R3-A3	1.36E-01	2.57E-01	0.00E+00	4.80E-01	1.29E-01
F4-J30-S2-M4-R4-A4	6.12E-02	2.39E-01	4.63E-02	5.35E-01	2.01E-01
F4-J30-S3-M2-R3-A4	2.36E-01	6.20E-01	0.00E+00	8.06E-01	4.79E-01
F4-J30-S3-M3-R4-A2	4.10E-02	3.79E-01	3.01E-02	3.44E-01	2.60E-01
F4-J50-S2-M2-R2-A2	5.82E-02	1.78E-01	6.45E-03	5.01E-01	1.02E-01
F4-J50-S2-M3-R3-A3	7.52E-02	8.10E-01	0.00E+00	8.37E-01	3.94E-01
F4-J50-S3-M2-R3-A4	1.09E-01	2.44E-01	4.76E-03	5.92E-01	3.00E-02
F4-J50-S4-M2-R4-A3	1.54E-01	1.20E+00	1.15E-07	1.10E+00	9.99E-01
平均值	1.68E-01	4.00E-01	1.46E-02	5.57E-01	2.82E-01

图 4-23 是对五种对比算法所获得的 HV 和 IGD 结果计算 RPI 值后的方差分析图，图 4-23（a）展示了对 RPI(HV) 的方差分析结果，得出以下两个结论：① MDCEA 获得了最高的 RPI(HV) 值，说明 MDCEA 所求非支配解集的多样性方面要优于其他四种算法；② 五种对比算法比较所得的 p 值 =8.290008e-37<0.05，说明 MDCEA 所获得的 RPI(HV) 值要明显高于其他四种算法。图 4-23（b）展示了对 RPI(IGD) 的方差分析结果，得出以下两个结论：① MDCEA 获得了最低的 RPI(IGD) 值，说明 MDCEA 的收敛性要优于其他四种算法；② 五种对比算法比较所得的 p 值 =1.355018e-72<0.05，说明 MDCEA 所获得的 RPI(IGD) 值要明显低于其他四种算法。因此，MDCEA 在求解

DHFSP-RDDP 问题时，在收敛性和多样性方面都有显著效果。

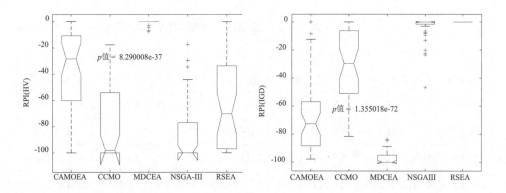

（a）对 RPI(HV) 值进行方差分析　　（b）对 RPI(IGD) 值进行方差分析

图 4-23　五种对比算法的方差分析结果

图 4-24（a）和图 4-24（b）展示了五种竞争算法在不同规模分组下的 RPI（HV）和 RPI（IGD）的雷达图。通过对 12 个不同分组的雷达图分析可知，在不同的工厂规模（$f=\{2,3,4\}$）、不同的工件规模（$j=\{10,20,30,50\}$）、不同的加工阶段规模（$P=\{2,3,4\}$）、同机器数量规模（$m_g =\{2,3,4\}$）、不同的资源类型规模（$r=\{2,3,4\}$）及不同运输资源规模（$K=\{2,3,4\}$）下，MDCEA 获得的 RPI (HV) 和 RPI (IGD) 值均优于其他四种算法。从统计学角度分析，MDCEA 可以有效地协同求解 DHFSP-RDDP 中的每个子问题。

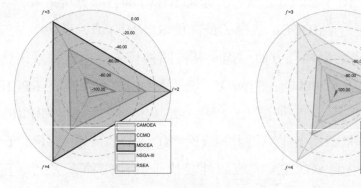

（a）按 $f=\{2,3,4\}$ 分组的 RPI(HV) 值比较　（b）按 $f=\{2,3,4\}$ 分组的 RPI(IGD) 值比较

图 4-24　五种对比算法按不同规模分组的 RPI 值雷达图分析

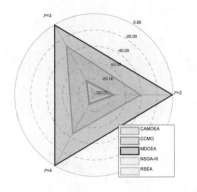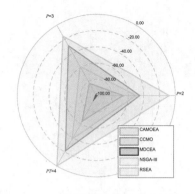

（c）按 P={2,3,4} 分组的 RPI(HV) 值比较　（d）按 P={2,3,4} 分组的 RPI(IGD) 值比较

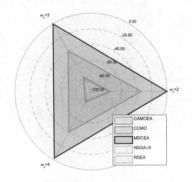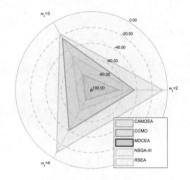

（e）按 m_g ={2,3,4} 分组的 RPI(HV) 值比较　（f）按 m_g ={2,3,4} 分组的 RPI(IGD) 值比较

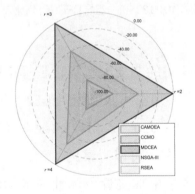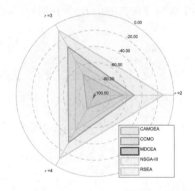

（g）按 r ={2,3,4} 分组的 RPI(HV) 值比较　（h）按 r ={2,3,4} 分组的 RPI(IGD) 值比较

图 4-24（续）

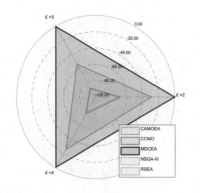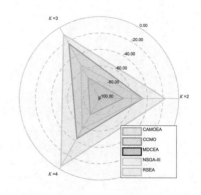

（i）按 $K=\{2,3,4\}$ 分组的 RPI(HV) 值比较　（j）按 $K=\{2,3,4\}$ 分组的 RPI(IGD) 值比较

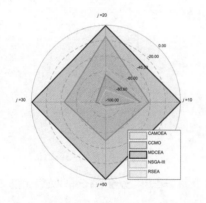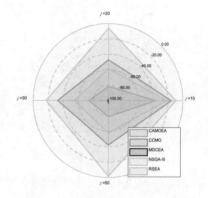

（k）按 $j=\{10,20,30,50\}$ 分组的 RPI(HV) 值比较　（l）按 $j=\{10,20,30,50\}$ 分组的 RPI(IGD) 值比较

图 4-24（续）

为了更加直观地反映五种对比算法获得的非支配解集在目标空间中的分布情况，图 4-25（a）～图 4-25（d）列出了四个算例（F2-J10-S3-M3-R4-A2、F2-J10-S4-M2-R4-A3、F3-J30-S2-M4-R4-A4、F3-J30-S3-M4-R2-A3）的 Pareto 前沿图。从图中可以观察到，相比较于其他四种算法，MDCEA 获得的非支配解集更加接近坐标轴和坐标原点，也就是说，MDCEA 的搜索非支配解的性能要优于其他四种算法。因此，MDCEA 是求解 DHFSP-RDDP 的高效算法。

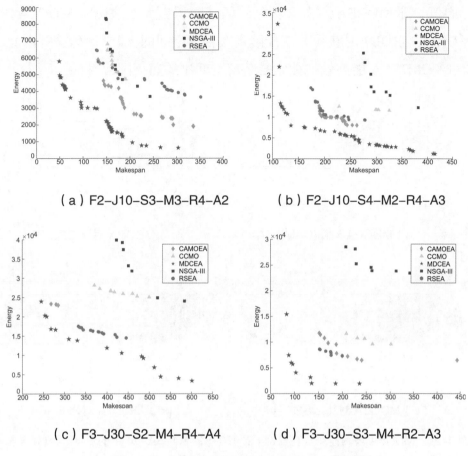

（a）F2–J10–S3–M3–R4–A2   （b）F2–J10–S4–M2–R4–A3

（c）F3–J30–S2–M4–R4–A4   （d）F3–J30–S3–M4–R2–A3

图 4–25　五种对比算法获得的 Pareto 前沿图

在多目标优化中，经验实现函数（EAF）可用于确定优化算法在目标空间中获得的结果的概率分布。在二维目标空间下，算法的性能可以由多个获得的非支配解集通过使用不同颜色区域绘制表示不同 EAF 的值来可视化。如果对两种算法进行比较，EAF 差异值就会显示出对比算法之间的目标空间区域的支配概率。因此，通过 EAF 可以更加准确地分析算法间的差异。图 4–26（a）～图 4–26（d）分别是 MDCEA 与 CAMOEA[图 4–26（a）]、CCMO[图 4–26（b）]、NSGA–Ⅲ[图 4–26（c）] 和 RSEA[图 4–26（d）] 在算例 F2–J20–S2–M4–R4–A4 中的 EAF 差值结果。从图中可以明显观察到，在相同条件下，MDCEA 得到的非支配解集计算出的 EAF 值大于其他四种对比算法计算出的

EAF 值，即 MDCEA 所占含颜色的区域面积更大。这说明 MDCEA 求解 DHFSP–RDDP 时获得非支配解集在目标空间的支配概率更高。因此，验证了 MDCEA 能高效地搜索复杂解空间中的非支配解。

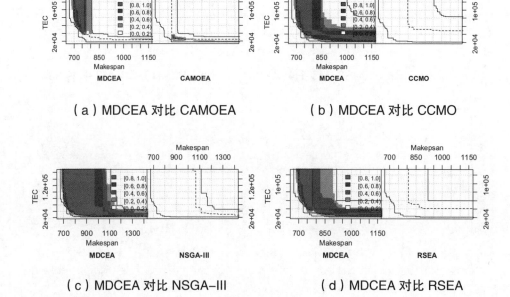

（a）MDCEA 对比 CAMOEA　　　　　（b）MDCEA 对比 CCMO

（c）MDCEA 对比 NSGA–III　　　　　（d）MDCEA 对比 RSEA

图 4-26　MDCEA 与其他算法在算例 F2–J20–S2–M4–R4–A4 中的 EAF 可视化分析

4.6　本章小结

本章研究了动态加工依赖资源的分布式混合流水车间调度问题，包括依赖资源的动态加工过程、机械臂装卸载过程和 AGV 运输过程。为了优化在该问题中所考虑的最大完工时间和总能耗的目标，提出了一种多维协同进化算法（MDCEA）。首先，针对不同的目标，初始化种群被分为三个不同搜索任务的子集。其次，为了提高三维编码下的全局搜索能力，开发了一种基于双种群的自适应变维协同搜索方法。此外，为了探索不同维度下非支配解的局部搜索潜力，设计了一种基于 Q 学习的维度检测的局部搜索策略。GD 引导的奖励值使 Q 学习能够趋向于 Pareto 前沿搜索。最后，为了确保种群的多样性，可利用三种群交互策略。实验对 MDCEA 框架和每种精心设计的策略进行了测试，结果表明，MDCEA 在大多数著名算法中具有很强的竞争力。

第 5 章　分布式资源约束混合流水车间调度问题求解平台

前文对 DRCHFSP 及其变种，以及多目标求解算法进行了研究，考虑了实际加工过程中出现的机器加工速度、资源依赖的加工过程和阶段间的运输过程。车间调度理论研究的真实目的是更好地指导实践，帮助企业进行合理的资源调配，制定高效的生产方案。鉴于目前对于分布式和资源约束的 HFSP 研究缺少统一数据，对于求解算法的评价难以用统一的标准衡量。因此，本章基于 MATLAB 设计了一个分布式资源约束混合流水车间调度问题的求解平台，将本书所提及的车间调度理论和多目标优化方法集成到该平台中，方便相关研究人员对于本书所考虑问题展开后续的研究。平台的构建框架如图 5-1 所示，下面主要从软件工程的角度，对平台的需求分析、系统设计、功能设计及实现效果四个角度进行阐述。

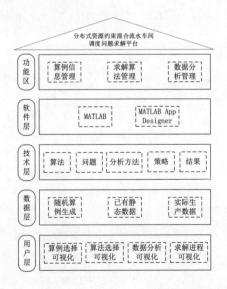

图 5-1　分布式资源约束混合流水车间调度问题求解平台框架

5.1　平台的需求分析

由于本章设计的平台并不针对制造企业的数字孪生和动态调度技术，而只是为车间调度问题的研究人员提供多目标算法集成的求解平台。因此，根据用户的通用性需求，建立了如图 5-2 所示的用例图。用户与平台之间主要存在四类关系，即建立车间调度模型、拓展多目标算法、查询求解的调度方案及分析算法求解结果。内部开发人员与外部使用人员对车间调度模型和求解结果的需求大体一致，但考虑到研究人员可能需要对比多个算例的结果，所以提供了多算例选择的功能。此外，在拓展多目标算法时，允许用户调度自己开发的多目标算法，并开放所有策略修改的权限，同时为用户提供了多算法对比的功能。为了让用户在评价算法效率时有更直观的感受，平台考虑了静态数据和动态数据可视化分析的需求。通过将 HV 和 IGD 进行 RPI 计算，可绘制出可视化分析图，包括 ANOVA 图、雷达图、箱图及散点图，并提供了绘制其余图形的拓展接口。虽然，本书设计的平台只提供计算 HV 和 IGD 的方法，但为用户提供了多目标评价指标的拓展接口。

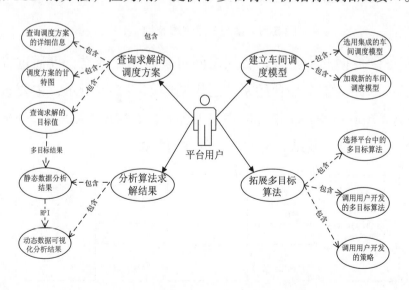

图 5-2　内部开发人员用例分析图

5.2　平台的系统设计

　　本次平台基于 MATLAB 2020b 的编译环境，集成的算法、数据分析方法均使用 MATLAB 语言进行编写，算例以 .mat 的形式保存和调用，前端界面的设计通过 MATLAB App Designer 实现。为了便于后期用户对于平台的扩展和改进，该平台系统采用三层式的系统逻辑结构，包括用户层、应用层和数据层，如图 5-3 所示。其中，应用层的集成算法库和数据分析方法均已封装成内部函数，并提供了扩展接口。

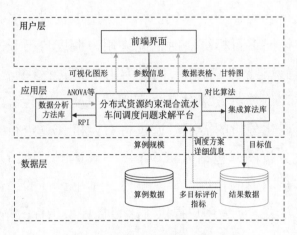

图 5-3　系统三层逻辑结构（1）

　　考虑到数据的安全性，各层之间封装后相互独立，仅通过接口传递信息。因此，整个平台的系统逻辑结构如图 5-4 所示，主要包括由 MATLAB App Designer 设计的用户外部界面、MATLAB 封装的平台内部逻辑函数、算例及结果文件构成的本地数据。

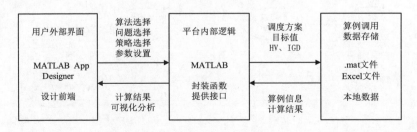

图 5-4　系统三层逻辑结构（2）

5.3　平台的功能设计

根据 5.1 节中的需求分析和功能划分，在系统三层结构框架的基础上，对平台的功能进行设计。如图 5-5 所示，根据车间调度问题的研究过程和多目标算法的设计理念，将平台的功能模块总体分为 7 类，即图形用户界面（graphical user interface，GUI）、MATLAB 开发的主控制层、算法库、算子操作、问题库、评价指标及数据分析。下面对每个模块进行详细描述。

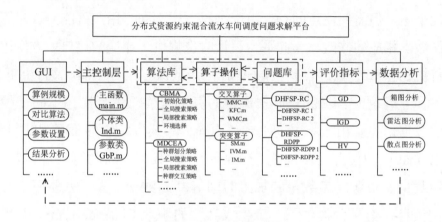

图 5-5　平台功能模块图

（1）GUI：由 MATLAB App Designer 开发的前端界面，主要负责接收用户的求解问题、求解算法和参数设置等，并将这些消息通过接口传递给平台的主控制层进行运算。此外，前端界面提供选择性分析方式，方便用户对于多目标评价指标或调度方案进行查看。根据用户的需要，返回数据分析的结果，并在 GUI 的数据区进行查看。

（2）主控制层：由 MATLAB 编写的主控制层，主要负责接收 GUI 传递的信息，并调用平台的主函数（main.m），建立求解时所需的个体类（Ind.m）和全局参数类（GbP.m）等。根据用户选择的对比算法和设置的算法参数，调用算法库中的相应算法并赋予算法参数后，对问题进行求解。此外，结合所需的分析方式，对求解结果计算多目标评价指标，并以静态数据或图形的方式返回 GUI 界面。

（3）算法库：由 MATLAB 编写的算法库，负责存储平台中集成的多目标算法。集成的算法主要包括本书所设计的 CBMA、MDCEA 和前两章实验所考虑的对比算法。算法库中的算法通过调用算子操作，结合算法文件包含的策略，对用户所选择的问题进行求解，求解的结果将以 .txt 的形式保存在 Result 文件夹下，集成算法的函数保存在 Algorithm 文件夹下。

（4）算子操作：由 MATLAB 语言编写的算子操作集合，负责为算法中使用的交叉、突变操作提供对应的算子，通过算子操作可以产生子代个体。但需要注意的是，由于编码方式不同，用户可能需要对算子操作做出相应的修改，为此平台设计时也提供了相应的接口，方便用户进行扩展和修改操作。所有算子操作的函数保存在 Operator 文件夹下。

（5）问题库：以 .mat 形式保存的算例文件，负责描述不同规模问题的数据信息。由于本书的平台是面向分布式资源约束车间调度问题，所以 .mat 中的信息主要包括工厂数量、工件数量、机器数量、阶段数量、资源数量、资源类型数量和加工时间等基础数据。为了方便用户修改算例信息，本平台提供了一个生成算例的函数 GenerateIns.m，并提供了 GUI 界面操作。如果用户需要添加问题，则需要修改 GenerateIns.m 文件，并单独运行，将生成的算例文件单独保存到对应的文件夹下即可。所有生成的算例文件将按照问题名保存在 Problem 文件夹下。

（6）评价指标：由 MATLAB 编写的多目标评价指标计算方法，负责对算法求解调度问题的结果进行多目标下的评价。本平台仅提供了 HV、IGD、GD 的计算方法。如果用户需要计算其他多目标指标，可以利用接口将信息传递到自行编写的函数中。所有多目标评价指标的计算函数保存在 Metrics 文件夹下。

（7）数据分析：由 MATLAB 编写的分析方法，负责对数据进行可视化呈现。本平台提供了多目标分布的散点图、箱图、雷达图、调度甘特图和方差分析图。在进行图形绘制前，需要对数据进行预处理，本平台预处理的方式是计算数据的 RPI 值。根据用户的不同需求，专为用户提供了拓展的接口，方便用户对数据分析方式进行拓展。所有数据分析的函数也保存在 Metrics 文件夹下。

5.4　平台的实现效果

根据功能设计，本节对分布式资源约束混合流水车间调度问题求解平台进行实现。采用 MATLAB App Designer 作为前端界面的开发工具，其余模块均使用 MATLAB 进行编写。下面对平台的主要功能界面进行阐述。

（1）登录界面。用户启动平台后的界面如图 5-6 所示。此界面分为五个区域，其中，区域 A 是算法和各个模块策略的选择，还提供了新策略和新算法的导入按钮；区域 B 是算法的参数设置，当设置完这两个区域中的内容后，用户单击"添加算法"按钮，就可以将选择的算法添加到对比算法中，所有添加的对比算法信息会在区域 C 中显示；区域 D 是算例选择，提供了对多个算例进行一次性求解的方式，同时也提供了导入新算例的方法；区域 E 是平台的运行区，主要用于设置全局参数和显示求解进度，右侧可以显示后台信息。当单击"结果分析"按钮时，便可以对所有对比算法求解的结果进行数据分析，同时跳转到数据分析界面。

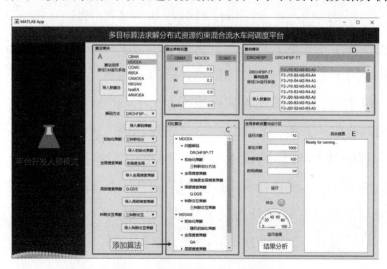

图 5-6　平台用户操作界面图

（2）问题与算例选择界面。当用户单击"算例选择"或"导入新算例"按钮时，将跳转到问题与算例选择界面。其前端设计如图5-7所示，该界面包括区域A（问题与算例选择区）和区域B（算例信息查看区）。用户选择不同规模的算例，单击"确定"按钮后加入到平台，算例的总体信息和以往求解结果在右侧显示。

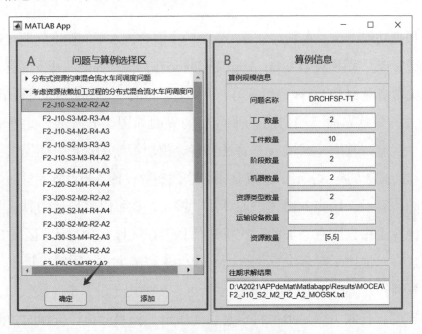

图5-7　问题与算例选择界面图

当用户单击"添加"按钮时，可创建新的算例，界面如图5-8所示。其主要包含四个主要的功能区域，区域A用于问题选择和保存路径的设置；区域B用于生成算例的总体信息，单击"展开详细信息设置"按钮，可设置内部细节；设置的内容如区域C所示。如果没有设置内容，将按照默认的数值生成算例；区域D包含"创建算例"按钮和后台提示信息。

（3）算法选择与参数设置界面。当单击"算法选择"或"导入新算法"按钮时，会跳转到如图5-9所示的算法选择与参数设置界面。算法选择与参数设置界面分为五个区域，分别是区域A（依照求解问题分类的多目标算法）、区域B［包含三个按钮，即"确定"（确定使用选择的多目标算法）、"导入新算法"和"导入新策略"]、区域 C（允许对算法参数进行修改）、区域 D（允许对策略模块进行选择）、区域 E（算法保存路径）。单击"导入新算法"按钮，会显示如图 5-10 所示的界面，用户需要选择所有与新算法相关的 .m 文件并将其导入 Algorithm_define 文件夹下。请注意，导入新算法前需要选择一级标题内容，即求解的问题，算法才可以导入对应的求解问题中，否则将会创建新的一级标题。

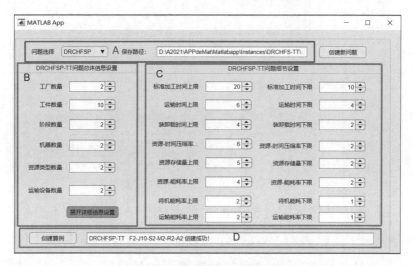

图 5-8　新算例生成界面图

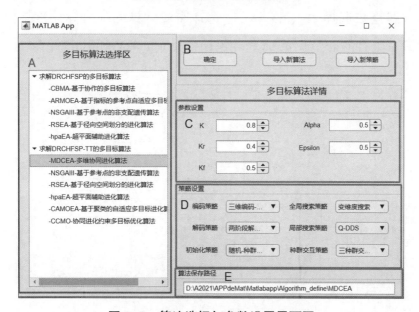

图 5-9　算法选择与参数设置界面图

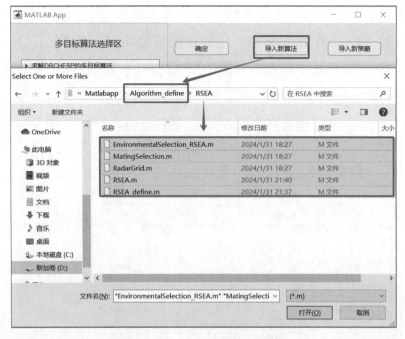

图 5-10　导入新算法界面图

（4）求解结果与数据分析界面。单击图 5-6 中的"结果分析"按钮，将跳转到如图 5-11 所示的数据分析界面。该界面共分为四个区域，即区域 A（选择需要分析的问题和对应算例的选择区）、区域 B（需要对比的求解算法选择区）、区域 C（选择需要计算的多目标评价指标）和区域 D（查看静态数据的结果，包括目标值、HV 和 IGD 结果）。

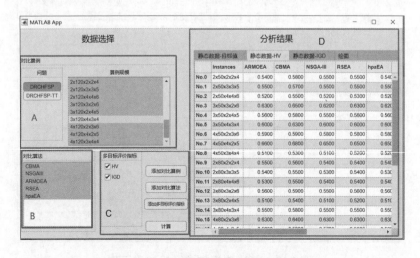

图 5-11　求解结果与数据分析界面图

如图 5-12 所示，单击"绘图"词条进入绘图功能区，其主要分为两个区域，区域 A 用于对输入绘图函数的多目标评价指标（HV 或 IGD）进行选择，以及对输入的数据形式（RPI 或原始数据）进行选择；区域 B 主要包含六种绘图功能，即箱图、ANOVA、雷达图、区间图、甘特图及多目标分布图。图 5-12 右侧给出了使用 ANOVA 功能对数据进行分析的结果。

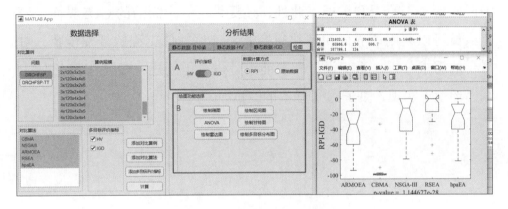

图 5-12　绘图功能界面图

当用户单击雷达图功能时，用户需要选择对数据进行分类，主要包括对算例的工厂数量、工件数量、资源类型数量、阶段数量和机器数量进行区分。算法求解同种类型算例的平均 RPI 值作为雷达图函数的输入，并输出图 5-13 右侧的结果。

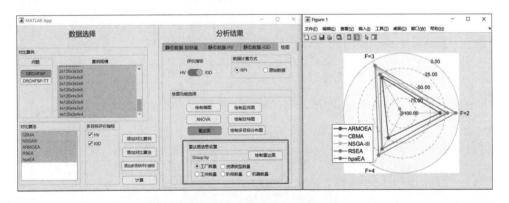

图 5-13　雷达图绘制界面图

5.5 本章小结

　　本章将前面章节所设计的算法和所考虑的问题集成到了分布式资源约束混合流水车间调度问题求解决平台中，当前平台共包括八种多目标优化算法、两个车间调度问题、两个多目标指标计算及六种数据图生成方式。由于该平台的开发是基于简单对象间关系的轻型架构，因此非常易于使用和扩展。此外，还提供了一个简洁的 GUI 界面，研究人员可以利用该界面快速执行实验。依据软件工程的开发步骤，对平台的需求分析、系统设计和功能设计进行了阐述，最终在 MATLAB 编译环境下实现，并通过了基本的测试。

第6章 总结与展望

6.1 工作总结

本书以最小化最大完工时间和总能耗为目标，对分布式资源约束混合流水车间调度问题进行了研究，并根据附加的机器加工速度和资源依赖的动态加工特性，分别提出了两种有效的多目标进化算法并对其进行求解。下面主要从三个层面进行工作总结。

（1）问题层面：本书针对分布式制造背景下的资源约束混合流水车间调度问题进行深入研究，考虑了实际工业生产中所出现的机器加工速度、可再生资源辅助加工过程、运输过程等复杂约束条件。此外，从优化两个冲突的多目标角度（最大完工时间和总能耗）出发，对所提问题进行综合考虑，以达到提高生产效率和实现节能生产这两方面的目的。针对不同的生产环境下的车间调度优化问题，构建了相应的数学模型，并通过对模型细节和问题特性的分析，提出了两种资源约束下的机器节能规则、两种资源重分配规则和四个关键性的引理。通过严谨的数学推算和实验测试，验证所提策略在降低加工能耗的同时保证时间效率的有效性。

（2）算法层面：本书深入研究了如何利用 Pareto 知识和强化学习基本方法，指导多目标优化算法在求解复杂约束下的车间调度问题。在 CBMA 中，通过 Pareto 解在目标空间中的支配域和解之间的支配关系，对全局搜索过程中的邻域选择进行改进，使每个个体能够充分学习种群中的 Pareto 优势信息，从而提高复杂解维度下全局搜索的效率。此外，在 MDCEA 中，通过 Q 学习算法对多维编码下的解进行有效的维度潜力检测，并选择最适合局部搜索的维度进行多邻域的算子操作，从而使局部搜索兼顾了解耦和提高非支配解质量的任务。最后，本书进行了大量算例的测试实验，从参数设置、策略的有效性分析、与流行算法的结果对比中详细验证了所提算法的有效性。

（3）应用层面：本书从目前研究缺少统一验证算例和对比算法集成平台的角度出发，基于 MATLAB 设计开发了一个求解分布式资源约束混合流水车间调度问题的平台。将本书所提对比算法和算例集成到该平台中，并提供了灵活的修改接口和数据结果可视化窗口，方便今后的学者对平台的扩展和对问题结果的规范性分析。该平台经过了大量的测试和修改，已初步具备了对复杂车间调度问题的求解能力和数据分析与管理能力。

本书所取得的主要研究成果如下所示。

（1）针对资源约束下的分布式混合流水车间调度问题，提出了一种基于协作的多目标算法（CBMA）。通过分析加工能耗的主要来源，考虑了机器加工速度的因素。CBMA 提高了对多目标优化问题的搜索能力，主要得益于用于平衡初始种群多样性和质量的平衡目标值的机器选择策略，采用充分利用解之间的支配信息来生成子种群的协作搜索机制，以及用于增强局部搜索能力的分布式机器速度调整策略。通过大量实验测试了所设计的初始化方法、全局搜索机制和局部搜索方法对 CBMA 的影响，并将 CBMA 与五种比较算法进行了比较。结果表明，CBMA 是一种求解分布式资源约束混合流水车间调度问题的非常有竞争力的算法。

（2）针对考虑动态加工过程依赖于资源的分布式混合流水车间调度问题，提出了一种多维协同优化算法（MDCEA）。为了使问题更贴

合于实际生产，同时考虑车间内的半成品运输过程。所提出的 MDCEA
由四个模块组成，即双种群和精英种群划分模块、变维度协作搜索模块、
基于 Q 学习的维度检测搜索模块、三种群交互模块。全局搜索和局部
搜索以分布式方式执行，以提高运行效率。其中，变维度协作搜索模
块负责对双种群进行全局搜索，基于 Q 学习的维度检测搜索模块负责
在精英种群上进行局部搜索。大量的对比实验验证了 MDCEA 框架及
其设计的策略能有效地解决多约束、多目标、高耦合性组合优化问题，
且 MDCEA 被证明优于大多数进化算法。

6.2　工作展望

根据上述对于本书工作的总结，结合分布式混合流水车间和资源
约束的研究趋势，从以下三点对未来的工作进行展望。

（1）资源约束车间调度问题的扩展。未来的工作可在资源约束方
面进行深层次的探索，考虑更多资源应用的生产调度场景，如资源的
运输过程、资源对机器的损耗、线性资源的利用等，以建立更加全面
和可持续的调度模型。

（2）分布式车间调度问题的扩展。未来研究可拓展至更广泛的分
布式制造场景，可以涵盖不同工厂类型和规模，以更贴近实际生产环境。
同时，可以深入优化分布式系统中的信息共享、通信效率等方面，从
而提高整个生产网络的协同效益。

（3）深度强化学习的应用与传统算法的结合。未来可以进一步深
化深度强化学习在车间调度中的应用，通过模型训练提高系统自主决
策能力。同时，与传统算法的结合可以形成强大的混合优化框架，其
能充分发挥各算法的优势，提高调度问题的求解效率和质量。

参 考 文 献

［1］ 吴昌钱，黄锐，罗志伟.基于量子蚁群算法的智能制造调度问题研究 [J]. 南京师范大学报（自然科学版），2023, 46(4):74–79.

［2］ 李新宇，黄江平，李嘉航，等.智能车间动态调度的研究与发展趋势分析 [J]. 中国科学：技术科学，2023, 53(7):1016–1030.

［3］ 亓瑞.基于多目标进化算法的装配式预制件车辆调度问题 [D]. 山东师范大学，2023.

［4］ 钟志华，臧冀原，延建林，等.智能制造推动我国制造业全面创新升级 [J]. 中国工程科学. 2020, 22(6):136–142.

［5］ Zhao F, Xu Z, Wang L, et al. A population–based iterated greedy algorithm for distributed assembly no–wait flow–shop scheduling problem[J]. IEEE Transactions on Industrial Informatics, 2022, 19(5): 6692–6705.

［6］ 李俊青.基于人工蜂群算法的钢铁生产调度问题研究 [D]. 东北大学，2016.

［7］ 白志阳,王岳.双资源约束下的船舶管件柔性生产车间调度优化 [J]. 船舶工程，2023, 45(6):21–30–166.

［8］ 王文鹏，余新宁.资源限制混合流水车间调度的启发式算法 [J]. 微计算机信息，2006,(24):132–134.

［9］ Behnamian J, Ghomi S M T F. Hybrid flowshop scheduling with machine and resource–dependent processing times[J]. Applied

Mathematical Modelling, 2011, 35(3):1107–1123.

［10］周刚. 协同学习型分散搜索算法在分布式车间调度中的应用研究 [D]. 兰州理工大学，2023.

［11］Gao K, Huang Y, Sadollah A, et al. A review of energy–efficient scheduling in intelligent production systems[J]. Complex & Intelligent Systems, 2020, 6: 237–249.

［12］姜涛. 基于学习型元启发式算法的分布式绿色车间调度问题研究 [D]. 兰州理工大学，2023.

［13］Portmann M C, Vignier A, Dardilhac D, et al. Branch and bound crossed with GA to solve hybrid flowshops[J]. European Journal of Operational Research, 1998, 107(2): 389–400.

［14］Komaki G M, Teymourian E, Kayvanfar V. Minimising makespan in the two–stage assembly hybrid flow shop scheduling problem using artificial immune systems[J]. International Journal of Production Research, 2016, 54(4): 963–983.

［15］Liao C J, Tjandradjaja E, Chung T P. An approach using particle swarm optimization and bottleneck heuristic to solve hybrid flow shop scheduling problem[J]. Applied Soft Computing, 2012, 12(6): 1755–1764.

［16］Alaykýran K, Engin O, Döyen A. Using ant colony optimization to solve hybrid flow shop scheduling problems[J]. The international journal of advanced manufacturing technology, 2007, 35: 541–550.

［17］Qin W, Zhuang Z, Liu Y, et al. A two–stage ant colony algorithm for hybrid flow shop scheduling with lot sizing and calendar constraints in printed circuit board assembly[J]. Computers & Industrial Engineering, 2019, 138: 106115.

［18］Missaoui A, Ruiz R. A parameter–Less iterated greedy method for the hybrid flowshop scheduling problem with setup times and due date windows[J]. European Journal of Operational Research, 2022, 303(1): 99–113.

［19］ Li J, Sang H, Han Y, et al. Efficient multi–objective optimization algorithm for hybrid flow shop scheduling problems with setup energy consumptions[J]. Journal of Cleaner Production, 2018, 181: 584–598.

［20］ Pan Q K, Gao L, Li X Y, et al. Effective metaheuristics for scheduling a hybrid flowshop with sequence–dependent setup times[J]. Applied Mathematics and Computation, 2017, 303: 89–112.

［21］ Behnamian J, Fatemi Ghomi S M T, Zandieh M. Development of a hybrid metaheuristic to minimise earliness and tardiness in a hybrid flowshop with sequence–dependent setup times[J]. International Journal of Production Research, 2010, 48(5): 1415–1438.

［22］ Gupta J N D, Tunc E A. Scheduling a two–stage hybrid flowshop with separable setup and removal times[J]. European Journal of Operational Research, 1994, 77(3): 415–428.

［23］ 朱熠，陈璐. 考虑准备时间的多目标混合流水车间调度 [J]. 工业工程与管理，2020, 25(4):159–165.

［24］ 黄辉，李梦想，严永. 考虑序列设置时间的混合流水车间多目标调度研究 [J]. 运筹与管理，2020, 29(12):215–221.

［25］ 王静，雷德明. 考虑批处理机的绿色模糊混合流水车间调度问题研究 [J/OL]. 控制与决策，1–8[2024–01–25].

［26］ Yuan F, Xu X, Yin M. A novel fuzzy model for multi–objective permutation flow shop scheduling problem with fuzzy processing time[J]. Advances in mechanical engineering, 2019, 11(4): 1687814019843699.

［27］ Zheng J, Wang L, Wang J. A cooperative coevolution algorithm for multi–objective fuzzy distributed hybrid flow shop[J]. Knowledge-Based Systems, 2020, 194: 105536.

［28］ Li J, Han Y, Gao K, et al. Bi-population balancing multi-objective algorithm for fuzzy flexible job shop with energy and transportation[J]. IEEE Transactions on Automation Science and Engineering, 2023, 1–17.

［29］ Li J, Li J, Zhang L, et al. Solving type–2 fuzzy distributed hybrid flowshop scheduling using an improved brain storm optimization algorithm[J]. International Journal of Fuzzy Systems, 2021, 23: 1194–1212.

［30］ Wang Y J, Wang G G, Tian F M, et al. Solving energy–efficient fuzzy hybrid flow–shop scheduling problem at a variable machine speed using an extended NSGA–II[J]. Engineering Applications of Artificial Intelligence, 2023, 121: 105977.

［31］ Golneshini F P, Fazlollahtabar H. Meta–heuristic algorithms for a clustering–based fuzzy bi–criteria hybrid flow shop scheduling problem[J]. Soft Computing, 2019, 23: 12103–12122.

［32］ 张洁，秦威，宋代立. 考虑工时不确定的混合流水车间滚动调度方法 [J]. 机械工程学报，2015, 51(11):99–108.

［33］ Schulz S, Buscher U, Shen L. Multi–objective hybrid flow shop scheduling with variable discrete production speed levels and time–of–use energy prices[J]. Journal of Business Economics, 2020, 90: 1315–1343.

［34］ Lei, Deming, Liang Gao, and Youlian Zheng. A novel teaching–learning–based optimization algorithm for energy–efficient scheduling in hybrid flow shop[J]. IEEE Transactions on Engineering

Management 65.2 (2017): 330–340.

［35］ Li M, Lei D, Cai J. Two–level imperialist competitive algorithm for energy–efficient hybrid flow shop scheduling problem with relative importance of objectives[J]. Swarm and Evolutionary Computation, 2019, 49: 34–43.

［36］ Zuo Y, Fan Z, Zou T, et al. A novel multi–population artificial bee colony algorithm for energy–efficient hybrid flow shop scheduling problem[J]. Symmetry, 2021, 13(12): 2421.

［37］ Jiang S, Liu M, Hao J, et al. A bi–layer optimization approach for a hybrid flow shop scheduling problem involving controllable processing times in the steelmaking industry[J]. Computers & Industrial Engineering, 2015, 87: 518–531.

［38］ Jiang J, An Y, Dong Y, et al. Integrated optimization of non–permutation flow shop scheduling and maintenance planning with variable processing speed[J]. Reliability Engineering & System Safety, 2023, 234: 109143.

［39］ Lu C, Liu Q, Zhang B, et al. A Pareto–based hybrid iterated greedy algorithm for energy–efficient scheduling of distributed hybrid flowshop[J]. Expert Systems with Applications, 2022, 204: 117555.

［40］ Wang J J, Wang L. A cooperative memetic algorithm with learning–based agent for energy–aware distributed hybrid flow–shop scheduling[J]. IEEE Transactions on Evolutionary Computation, 2021, 26(3): 461–475.

［41］ Jiang E, Wang L, Wang J. Decomposition–based multi–objective optimization for energy–aware distributed hybrid flow shop scheduling with multiprocessor tasks[J]. Tsinghua Science and Technology, 2021, 26(5): 646–663.

［42］ Li J Q, Chen X L, Duan P Y, et al. KMOEA: A knowledge-based multiobjective algorithm for distributed hybrid flow shop in a prefabricated system[J]. IEEE Transactions on Industrial Informatics, 2021, 18(8): 5318-5329.

［43］ 卫晨昊，胡晓兵，张哲源，等.改进的樽海鞘群算法求解带设置操作员的混合流水车间调度问题 [J/OL]. 计算机集成制造系统，1-21[2024-01-25].

［44］ Costa A, Fernandez-Viagas V, Framiñan J M. Solving the hybrid flow shop scheduling problem with limited human resource constraint[J]. Computers & Industrial Engineering, 2020, 146: 106545.

［45］ Gong G, Chiong R, Deng Q, et al. Energy-efficient flexible flow shop scheduling with worker flexibility[J]. Expert Systems with Applications, 2020, 141: 112902.

［46］ Han W, Deng Q, Gong G, et al. Multi-objective evolutionary algorithms with heuristic decoding for hybrid flow shop scheduling problem with worker constraint[J]. Expert Systems with Applications, 2021, 168: 114282.

［47］ Pargar F, Zandieh M, Kauppila O, et al. The effect of worker learning on scheduling jobs in a hybrid flow shop: A bi-objective approach[J]. Journal of Systems Science and Systems Engineering, 2018, 27: 265-291.

［48］ Behnamian J. Scheduling and worker assignment problems on hybrid flowshop with cost-related objective function[J]. The International Journal of Advanced Manufacturing Technology, 2014, 74: 267-283.

［49］ Yu F, Lu C, Zhou J, et al. Mathematical model and knowledge-based iterated greedy algorithm for distributed assembly hybrid flow shop scheduling problem with dual–resource constraints[J]. Expert Systems with Applications, 2024, 239: 122434.

[50] Liu Y, Shen W, Zhang C, et al. Agent–based simulation and optimization of hybrid flow shop considering multi–skilled workers and fatigue factors[J]. Robotics and Computer–Integrated Manufacturing, 2023, 80: 102478.

[51] Figielska E. A genetic algorithm and a simulated annealing algorithm combined with column generation technique for solving the problem of scheduling in the hybrid flowshop with additional resources[J]. Computers & Industrial Engineering, 2009, 56(1): 142–151.

[52] Figielska E. Heuristic algorithms for preemptive scheduling in a two–stage hybrid flowshop with additional renewable resources at each stage[J]. Computers & Industrial Engineering, 2010, 59(4): 509–519.

[53] Figielska E. A heuristic for scheduling in a two–stage hybrid flowshop with renewable resources shared among the stages[J]. European Journal of Operational Research, 2014, 236(2): 433–444.

[54] Tao X, Li J, Huang T, et al. Discrete imperialist competitive algorithm for the resource–constrained hybrid flowshop problem with energy consumption[J]. Complex & Intelligent Systems, 2021, 7: 311–326.

[55] Tao X R, Pan Q K, Gao L. An efficient self–adaptive artificial bee colony algorithm for the distributed resource–constrained hybrid flowshop problem[J]. Computers & Industrial Engineering, 2022, 169: 108200.

[56] Shao W, Shao Z, Pi D. Modeling and multi–neighborhood iterated greedy algorithm for distributed hybrid flow shop scheduling

problem[J]. Knowledge–Based Systems, 2020, 194: 105527.

［57］ Li Y, Li X, Gao L, et al. A discrete artificial bee colony algorithm for distributed hybrid flowshop scheduling problem with sequence-dependent setup times[J]. International Journal of Production Research, 2021, 59(13): 3880–3899.

［58］ Cai J, Zhou R, Lei D. Dynamic shuffled frog–leaping algorithm for distributed hybrid flow shop scheduling with multiprocessor tasks[J]. Engineering Applications of Artificial Intelligence, 2020, 90: 103540.

［59］ Lei D, Wang T. Solving distributed two–stage hybrid flowshop scheduling using a shuffled frog–leaping algorithm with memeplex grouping[J]. Engineering Optimization, 2020, 52(9): 1461–1474.

［60］ Shao W, Shao Z, Pi D. Multi–objective evolutionary algorithm based on multiple neighborhoods local search for multi–objective distributed hybrid flow shop scheduling problem[J]. Expert Systems with Applications, 2021, 183: 115453.

［61］ Gholami H, Sun H. Toward automated algorithm configuration for distributed hybrid flow shop scheduling with multiprocessor tasks[J]. Knowledge–Based Systems, 2023, 264: 110309.

［62］ Lei D, Su B. A multi–class teaching–learning–based optimization for multi–objective distributed hybrid flow shop scheduling[J]. Knowledge–Based Systems, 2023, 263: 110252.

［63］ 张清勇，孙泽轩，雷德明.分布式两阶段混合流水车间调度 [J]. 华中科技大学学报（自然科学版），2020, 48(4):127–132.

［64］ 魏昌华. 基于生物地理学优化算法的分布式混合流水车间调度应用研究 [D]. 湖南大学，2021.

［65］ 熊福力，李琳琳.考虑生产与运输成本的准时制分布式预制构件生产调度 [J/OL].计算机集成制造系统，1–29[2024–01–26].

[66] Li Y, Li X, Gao L, et al. An improved artificial bee colony algorithm for distributed heterogeneous hybrid flowshop scheduling problem with sequence–dependent setup times[J]. Computers & Industrial Engineering, 2020, 147: 106638.

[67] Wang J, Wang L. A bi–population cooperative memetic algorithm for distributed hybrid flow–shop scheduling[J]. IEEE Transactions on Emerging Topics in Computational Intelligence, 2020, 5(6): 947–961.

[68] Shao W, Shao Z, Pi D. Modelling and optimization of distributed heterogeneous hybrid flow shop lot–streaming scheduling problem[J]. Expert Systems with Applications, 2023, 214: 119151.

[69] Shao W, Shao Z, Pi D. An ant colony optimization behavior–based MOEA/D for distributed heterogeneous hybrid flow shop scheduling problem under nonidentical time–of–use electricity tariffs[J]. IEEE Transactions on Automation Science and Engineering, 2021, 19(4): 3379–3394.

[70] Zhang W, Li C, Gen M, et al. A multiobjective memetic algorithm with particle swarm optimization and Q–learning–based local search for energy–efficient distributed heterogeneous hybrid flow–shop scheduling problem[J]. Expert Systems with Applications, 2024, 237: 121570.

[71] Qin H X, Han Y Y, Liu Y P, et al. A collaborative iterative greedy algorithm for the scheduling of distributed heterogeneous hybrid flow shop with blocking constraints[J]. Expert Systems with Applications, 2022, 201: 117256.

[72] Li R, Gong W, Wang L, et al. Double DQN–Based Coevolution for Green Distributed Heterogeneous Hybrid Flowshop Scheduling With

Multiple Priorities of Jobs[J]. IEEE Transactions on Automation Science and Engineering, 2023, 1–13.

［73］ 李颖俐，刘翱，邓旭东. 分布式异构混合流水车间生产与运输集成调度 [J/OL]. 计算机集成制造系统，1–18[2024–01–26].

［74］ 郦仕云，杨孟平，易文超，等. 基于混合离散差分进化算法的分布式异构混合流水车间调度 [J/OL]. 计算机集成制造系统，1–16[2024–01–26].

［75］ Lu C, Gao L, Yi J, et al. Energy–efficient scheduling of distributed flow shop with heterogeneous factories: A real–world case from automobile industry in China[J]. IEEE Transactions on Industrial Informatics, 2020, 17(10): 6687–6696.

［76］ Patel V, ElMaraghy H A, Ben–Abdallah I. Scheduling in dual–resources constrained manufacturing systems using genetic algorithms[C]//1999 7th IEEE International Conference on Emerging Technologies and Factory Automation. Proceedings ETFA'99（Cat. No. 99TH8467）. IEEE, 1999, 2: 1131–1139.

［77］ Araz O U. A simulation based multi–criteria scheduling approach of dual–resource constrained manufacturing systems with neural networks[C]//Australasian Joint Conference on Artificial Intelligence. Berlin, Heidelberg: Springer Berlin Heidelberg, 2005: 1047–1052.

［78］ Araz O U. Real–time controlled multi–objective scheduling through ANNs and fuzzy inference systems: The case of DRC manufacturing[C]//Computational Science–ICCS 2007: 7th International Conference, Beijing, China, May 27–30, 2007, Proceedings, Part IV 7. Springer Berlin Heidelberg, 2007: 973–976.

［79］ Araz O U, Salum L. A multi–criteria adaptive control scheme based on neural networks and fuzzy inference for DRC manufacturing systems[J]. International Journal of Production Research, 2010, 48(1): 251–270.

［80］ Zhang J, Wang W, Xu X. A hybrid discrete particle swarm optimization for dual–resource constrained job shop scheduling with resource flexibility[J]. Journal of intelligent Manufacturing, 2017, 28: 1961–1972.

［81］ Ruiz–Torres A J, Centeno G. Scheduling with flexible resources in parallel workcenters to minimize maximum completion time[J]. Computers & operations research, 2007, 34(1): 48–69.

［82］ Li H, Li M, Liu Q, et al. Integrated optimization research on preventive maintenance planning and production scheduling[C]. 2010 International Conference on Management and Service Science. IEEE, 2010: 1–5.

［83］ Zheng F, Sui Y. A bi–objective model for dual–resource constrained job shop scheduling with the consideration of energy consumption[C]. 2019 International conference on industrial engineering and systems management（IESM）. IEEE, 2019: 1–6.

［84］ Zhu H, Deng Q, Zhang L, et al. Low carbon flexible job shop scheduling problem considering worker learning using a memetic algorithm[J]. Optimization and Engineering, 2020, 21: 1691–1716.

［85］ Lei D, Guo X. Variable neighbourhood search for dual–resource constrained flexible job shop scheduling[J]. International journal of production research, 2014, 52(9): 2519–2529.

［86］ Li J, Huang Y, Niu X. A branch population genetic algorithm for dual–resource constrained job shop scheduling problem[J]. Computers & Industrial Engineering, 2016, 102: 113–131.

［87］ Zheng X, Wang L. A knowledge–guided fruit fly optimization algorithm for dual resource constrained flexible job–shop scheduling problem[J]. International Journal of Production Research, 2016, 54(18): 5554–5566.

[88] Lei D, Guo X. An effective neighborhood search for scheduling in dual–resource constrained interval job shop with environmental objective[J]. International Journal of Production Economics, 2015, 159: 296–303.

[89] Andrade–Pineda J L, Canca D, Gonzalez–R P L, et al. Scheduling a dual–resource flexible job shop with makespan and due date–related criteria[J]. Annals of operations research, 2020, 291: 5–35.

[90] Mokhtari H, Abadi I N K, Cheraghalikhani A. A multi–objective flow shop scheduling with resource–dependent processing times: trade–off between makespan and cost of resources[J]. International Journal of Production Research, 2011, 49(19): 5851–5875.

[91] 李晨. 分布式流水车间调度的混合粒子群优化研究 [D]. 河南工业大学，2023.

[92] 王慧. 求解约束性多目标优化问题的粒子群算法及应用研究 [D]. 华南农业大学，2020.

[93] 蒋京. 面向复杂多目标优化问题求解的进化算法研究 [D]. 江苏大学，2021.

[94] Riquelme N, Von Lücken C, Baran B. Performance metrics in multi–objective optimization[C]. 2015 Latin American computing conference（CLEI）. IEEE, 2015: 1–11.

[95] Zitzler E, Thiele L, Laumanns M, et al. Performance assessment of multiobjective optimizers: An analysis and review[J]. IEEE Transactions on evolutionary computation, 2003, 7(2): 117–132.

[96] Bosman P A N, Thierens D. The balance between proximity and

diversity in multiobjective evolutionary algorithms[J]. IEEE transactions on evolutionary computation, 2003, 7(2): 174–188.

［97］竺啸天. 求解复杂混合流水车间调度的智能优化算法 [D]. 大连交通大学，2023.

［98］Deb K, Pratap A, Agarwal S, et al. A fast and elitist multiobjective genetic algorithm: NSGA–II[J]. IEEE transactions on evolutionary computation, 2002, 6(2): 182–197.

［99］Schulz S, Neufeld J S, Buscher U. A multi–objective iterated local search algorithm for comprehensive energy–aware hybrid flow shop scheduling[J]. Journal of cleaner production, 2019, 224: 421–434.

［100］Tian Y, Cheng R, Zhang X, et al. PlatEMO: A MATLAB platform for evolutionary multi–objective optimization [educational forum] [J]. IEEE Computational Intelligence Magazine, 2017, 12(4): 73–87.

［101］Ying K C, Lin S W. Minimizing makespan for the distributed hybrid flowshop scheduling problem with multiprocessor tasks[J]. Expert systems with applications, 2018, 92: 132–141.

［102］Ruiz R, Maroto C. A genetic algorithm for hybrid flowshops with sequence dependent setup times and machine eligibility[J]. European journal of operational research, 2006, 169(3): 781–800.

［103］Qin W, Zhuang Z, Liu Y, et al. A two–stage ant colony algorithm for hybrid flow shop scheduling with lot sizing and calendar constraints in printed circuit board assembly[J]. Computers & Industrial Engineering, 2019, 138: 106115.

［104］Tian Y, Cheng R, Zhang X, et al. An indicator–based multiobjective evolutionary algorithm with reference point adaptation for better versatility[J]. IEEE Transactions on Evolutionary Computation,

2017, 22(4): 609–622.

[105] Deb K, Jain H. An evolutionary many–objective optimization algorithm using reference–point–based nondominated sorting approach, part I: solving problems with box constraints[J]. IEEE transactions on evolutionary computation, 2013, 18(4): 577–601.

[106] He C, Tian Y, Jin Y, et al. A radial space division based evolutionary algorithm for many–objective optimization[J]. Applied Soft Computing, 2017, 61: 603–621.

[107] Chen H, Tian Y, Pedrycz W, et al. Hyperplane assisted evolutionary algorithm for many–objective optimization problems[J]. IEEE Transactions on Cybernetics, 2019, 50(7): 3367–3380.

[108] Grunert da Fonseca V, Fonseca C M, Hall A O. Inferential performance assessment of stochastic optimisers and the attainment function[C]. International Conference on Evolutionary Multi–Criterion Optimization. 2001: 213–225.

[109] Fonseca C M, Guerreiro A P, López–Ibánez M, et al. On the computation of the empirical attainment function[C]. Evolutionary Multi–Criterion Optimization: 6th International Conference, 2011: 106–120.

[110] López–Ibáñez M, Paquete L, Stützle T. Exploratory analysis of stochastic local search algorithms in biobjective optimization[M]. Springer Berlin Heidelberg, 2010.

[111] Zhang G, Liu B, Wang L, et al. Distributed co–evolutionary memetic algorithm for distributed hybrid differentiation flowshop scheduling problem[J]. IEEE Transactions on Evolutionary Computation, 2022, 26(5): 1043–1057.

[112] Tian Y, Zhang T, Xiao J, et al. A coevolutionary framework

for constrained multiobjective optimization problems[J]. IEEE Transactions on Evolutionary Computation, 2020, 25(1): 102–116.

[113] Hua Y, Jin Y, Hao K. A clustering–based adaptive evolutionary algorithm for multiobjective optimization with irregular Pareto fronts[J]. IEEE Transactions on Cybernetics, 2018, 49(7): 2758–2770.